# キレやすい子への アンガーマネージメント

### 段階を追った個別指導のためのワークとタイプ別事例集

本田恵子

ほんの森出版

## はじめに

### ●「キレやすい子」の増加が示すもの

　平成21年度の文部科学省の調査（平成20年度「児童生徒の問題行動等生徒指導上の諸問題に関する調査」、平成21年11月発表、文部科学省HPより）によると、小・中・高校の校内での暴力行為の数が6万件に迫っています。なかでも、対教師暴力が8,120件と、前年度比約15％増（平成21年）になっています。また、生徒間暴力は32,445件、器物損壊も17,329件もいずれも増加しています。

　子どもが変わってきているのか、子どもに対応する親や教員の力が不足しているのか、子どもを育て受け入れる社会が変わってきているのか、原因は多岐にわたるでしょう。いずれにしても、キレやすい人たちやキレさせやすい人たちは、自分の気持ちを上手に相手に伝えることや、相手の気持ちを理解することが苦手なようです。

### ●本書に求められた課題

　2002年に拙著『キレやすい子の理解と対応』（ほんの森出版）を出版してから、私はアンガーマネージメントについての講演や研修を数多く手がけることになりました。それらには、大別すると次の2つの流れがあります。
　1つは、学校内における「予防教育」への要請です。
　この要請に沿って、キレにくい子どもを育てるためには、どのような感受性やソーシャルスキルを身につけさせればよいのかという予防教育の視点に対応するために、『キレやすい子へのソーシャルスキル教育―教室でできるワークと実践例』（ほんの森出版、2007年）を出版しました。
　もう1つの流れは、何度もいじめを繰り返したり、暴力的になってしまったりする子どもたちや、少年、成人に対してどのように対応すればよいかという相談です。
　このように、繰り返し暴力を振るったり、いじめを繰り返したりしてしまう人には、なんらかの発達障害や精神的な病理があるのではないかと言われることもあります。
　確かに、知的障害、発達障害、人格障害、精神疾患、アルコールや薬物依存、虐待の家庭に育ったということは、暴力を起こしやすいハイリスク要因の一つではあります。しかし、早期

に特性を理解して療育が行われたり、本人が自覚してコントロールする力を身につけていれば、ストレートに問題行動に結びつくわけではありません。

　私が対応した、いわゆるキレやすい人たちのケースの中には、発達障害であるのに何の対応もされていないために二次的障害を併発しているケースや、非行少年や、ボーダーラインパーソナリティ障害や、アルコール依存の成人男性もいました。しかし、大多数は、「普通」の人々でした。

　本書執筆のきっかけは、前述の拙著を発行して以来、個別のアンガーマネージメント・プログラムをどのような方法と手順で実施すればいいのかを知りたいという要請が急増したことです。学校の先生をはじめ、いじめや非行を繰り返す子どもたちへの対応に苦慮する専門家の方々からの要請でした。また、ＡＤＨＤ、高機能自閉症など発達障害のある児童・生徒が学校で起こす不適応に対するＩＥＰ（個別指導計画）と併用して、こうした子どもたちが集団生活や周囲との人間関係に適応するためのスキルの習得が必要とされているからです。

　さらに、少年院、少年刑務所、更生保護等でも、処遇困難な少年たちに対応されている専門家自身が逆ギレさせられかねないケースの相談も増えました。いずれの場合も、アンガーマネージメント・プログラムを実施していく上で、面接での行き詰まりを相談される先生やカウンセラーの方が少なくないのです。

　アンガーマネージメントは、認知行動療法を元にしていますが、「気づき」や「感情的な受容」においては、「直面化面接」が必須となります。アンガーマネージメント・プログラムを遂行するためには、本人が自分の課題に気づき、心底から自分の状態を変えたいという気持ちになる必要があるからです。

● ３つの章でお伝えしたいこと

　本書は、いじめ、暴力、非行などを繰り返し行う人への個別対応のためのアンガーマネージメント・プログラムを紹介しています。

　第１章では、「アンガー」とは何か、アンガーに結びついた衝動性を引き起こすメカニズムについて詳述し、個別アンガーマネージメントの流れの概要を示しました。

　第２章には、個別対応のための構造化された５つの課程について詳述し、各段階で用いられる面接技法を紹介しました。また、アンガーマネージメント・プログラムを進める上で留意し

なければならないポイントを説明しながら、仮の事例にもとづいた面接演習のワークを設定しました。面接中の面接者のリスクを回避するためのポイントや、対象者の気持ちを理解するための傾聴の仕方についても具体的に述べました。

第3章は、いじめを繰り返す子ども、発達障害のある子どもなど、タイプ別のアンガーマネージメントの事例集です。事例は、読者が面接の逐語を読みながら、タイプごとにどのように面接を進めればいいのか、ノンバーバルな表現の読み取りなども含めて、一緒に学べるように構成してあります。

「アンガー」は、著しい行動となって表れることもありますが、特別な人にだけ起こるというわけではありません。日常の親子のいさかいや、学校での先生の指導とのいきちがい、友達とのコミュニケーションの不全など、さまざまな形で誰にでも小さな「アンガー」が生じることがあります。こうした小さな「アンガー」への対応の仕方が、子どものコミュニケーション能力や、気持ちの切り換えなどの感性、また周囲とうまくつきあっていく社会性を育て、大きな「アンガー」を予防していくことにもつながります。

混沌とした感情を整理し、自分らしい感情表現を築き直していくという特徴のある本書の個別アンガーマネージメントが、専門家のみならず、家庭で日々わが子の暴力や暴言に対応しなくてはならない家族の方々にも参考になることを願っております。

＊なお、本書の事例等に登場する人物はすべて仮名であり、事例には趣旨が損われない範囲で修正を加えてあります。

　　2010年7月

　　　　　　　　　　　　　　　　　　　　　　　　　　　　　　　　本田　恵子

## もくじ

はじめに 3

# 第1章　アンガーマネージメントの理論と歴史　9

## 第1節　アンガーマネージメントの成り立ち　10
1　危機介入プログラム……………………………………………10
2　個別アンガーマネージメント・プログラム…………………10

## 第2節　衝動性の意味と発生のメカニズム　12
1　衝動的な行動はどのようにして起こるのか…………………12
2　衝動的な行動を適応行動にするために………………………14
3　アンガーとは？…………………………………………………16
4　怒りのメカニズム………………………………………………16

## 第3節　アンガーマネージメントの一連の流れ　20
第1課程　気づき……………………………………………………21
第2課程　知的理解…………………………………………………25
第3課程　感情的な受容……………………………………………26
第4課程　新しい行動パターンの習得……………………………27
第5課程　新しい行動パターンの定着……………………………28
第6課程　終結への話し合い………………………………………28

# 第2章　アンガーマネージメントの面接技法　29

## 第1節　気づきの段階（第1課程）　30
1　気づきの段階で用いる技法……………………………………30
2　面接演習…………………………………………………………31
3　「ワーク1　気づきの面接演習」の解説……………………35
4　花子さんの日常のストレスには、どのようなものがあるのか………35
5　花子さんがみちおくんをいじめることで得ているものは何か………39

## 第2節　知的理解（第2課程）——明確化と直面化　40
1　気づきを促進するための面接技法……………………………40

　　　　2　自分の考えのゆがみに気づく………………………………………43
　　　　3　明確化の面接演習……………………………………………………45
　　　　4　「ワーク2　明確化の面接演習」の解説　………………………49
　　　　5　なぜ認知のゆがみが生じるのか……………………………………50
　　　　6　認知のゆがみを修正する方法………………………………………52
　　　　7　「ワーク3　認知のゆがみに気づく」の解説　…………………54
　　　　8　この考え方をするメリットとデメリットを整理する……………57

第3節　受容の段階（第3課程）　59
　　　　1　自己受容とは…………………………………………………………59
　　　　2　自己受容面接の技術…………………………………………………59
　　　　3　受容面接で生じる直面化とは？……………………………………60
　　　　4　受容の面接演習………………………………………………………64

第4節　新しい行動パターンの獲得と練習（第4・第5課程）　65
　　　　1　スキルの獲得を支援するための技法………………………………65
　　　　2　「ワーク6　スキル獲得のモニタリング演習」の解説…………65

第5節　面接中に相手がキレたときの対応　70

```
──────　第2章で紹介する面接演習のワーク　──────
　　　ワーク1　気づきの面接演習　32
　　　ワーク2　明確化の面接演習　48
　　　ワーク3　認知のゆがみに気づく　53
　　　ワーク4　視野を広げる面接　53
　　　ワーク5　受容の面接演習　61
　　　ワーク6　スキル獲得のモニタリング練習　66
```

# 第3章　タイプ別の事例に見る個別アンガーマネージメント　73

第1節　いじめを繰り返す子　74
　　　　1　なぜ繰り返すのか……………………………………………………74
　　　　2　「気づき」から「新しいスキル」定着まで　……………………75

3　いじめの「ボス」に祭り上げられていた亜美さん……………… 76
　　　4　「自分に何が起こっているのか」に向き合う ……………… 78
　第2節　家庭内暴力を繰り返す不登校の中学生　81
　　　1　気づきから知的理解まで（第1・第2課程）……………… 81
　　　2　抵抗とありのままの自分の受容（第3課程）……………… 83
　第3節　家族への怒りをためこんで不登校になった女子中学生
　　　　——箱庭を通じた自己理解と自己表現　86
　　　1　自分の気持ちへの気づき（第1課程）……………… 86
　　　2　知的理解（第2課程）……………… 88
　　　3　感情的な受容（第3課程）……………… 89
　　　4　新しいソーシャルスキルの学習（第4課程）……………… 89
　　　5　転校……………… 90
　第4節　発達障害のある児童へのアンガーマネージメント　91
　　　事例1　アスペルガー障害のある小学生へのアンガーマネージメント… 92
　　　事例2　ADHD児へのアンガーマネージメント ……………… 101
　第5節　非行・プチ家出の少女たちへの短期集中型自己受容面接　105
　　　1　引かれ合う彩花さんと裕子さん ……………… 105
　　　2　漂うような2人の家出 ……………… 106
　　　3　2人と2人の家族 ……………… 106
　　　4　気づき（第1課程）……………… 108
　　　5　知的理解（第2課程）……………… 109
　　　6　感情的な受容（第3課程）……………… 110
　　　7　その後 ……………… 111
　第6節　犯罪に至った人へのアンガーマネージメント　113
　　　1　暴力性向を有す人へのアンガーマネージメントの進め方 ……… 113
　　　2　認知を変える面接の進め方 ……………… 119

あとがき　125

　　　　　　　　　　　　　　　　　　　　　　　本文イラスト／横　春賀

# 第1章

# アンガーマネージメントの理論と歴史

### この章の内容

この章では、アンガーマネージメントの歴史、衝動性の意味と発生のメカニズム、アンガーマネージメントの一連の流れなど、アンガーマネージメントを実践する上で大切な基礎的理論を学びます。
また、予防、危機介入、個別指導がどの段階で始まるのかを理解します。

### キーワード

衝動性　アンガー
状況の認知方法
アンガーマネージメントの一連の流れ

アンガーとは、単なる怒りではなく、いろいろな感情が入り乱れた混沌とした状態です。

# 第1節

# アンガーマネージメントの成り立ち

アンガーマネージメントには、「啓発教育」「危機介入」「個別プログラム」の3段階があります。

## 1 危機介入プログラム

アメリカでは、1980年代にいじめや校内での暴力事件、特に生徒による銃を用いた事件が相次ぐようになり、「危機介入」におけるアンガーマネージメントが始まりました。

まず、暴力に対する組織的介入プログラムが開発されました。救急対応チーム、生徒を避難させるチーム、保護者への連絡チーム等が学内にあらかじめ組織されました。これらのチームを、事件・事故が発生したときに被害を最小限に抑えられるように機能させるために、それぞれの動きがマニュアル化され、これに沿った対応訓練が実施されるようになったのです。同時に、警察・救急や教育委員会に情報が伝達されて、専門機関との連携対応が行われるようにもなりました。

また、スクールポリス（教員免許を持つ警察官や教育に認識の深い警察官）制度が導入され、校区内を巡回したり、学内で麻薬や暴力を予防する教育などを実施したりしました。

一方、暴力を予防するための「行動規範」が全市レベルで決められ、暴力行為がどのような結果をもたらすかが明文化されました。

「行動規範」には、1点から最大7点までの違反行為が明記されており、それぞれの違反行為に対して行われるべき罰則と、生徒や保護者がとるべき責任が明記されています。

例えば、授業のサボりについては、次の3段階の対応が示されています。

〈第1段階〉本人と授業担当者との話し合い
〈第2段階〉保護者の呼び出し・指導、教員とその日のうちに話し合いをする
〈第3段階〉校内清掃などのボランティア活動および外部施設での継続したカウンセリング

この「行動規範」に、生徒と保護者がサインをし、違反した場合の罰則や責任をとることも契約します。

さらに、暴力の被害者に対するPTSD（心的外傷後ストレス障害）予防などが行われるようになりました。

## 2 個別アンガーマネージメント・プログラム

次に、開発されていったのが個別のアンガーマネージメント・プログラムです。暴力をふるってしまった生徒には、約30時間の専

門家による個別プログラムを受けることが課され、それが終了するまでは登校禁止になる地区もありました。

個別プランの詳細については後述しますが、ニューヨーク市の場合は、「行動規範」の最大の違反である7点にあたる暴力行為をした場合には、SOS（Secondary Opportunity School）への転校が規定されています。そして、3か月から1年間この学校で学習態度や自分に合った学習方法（LDや学習遅滞の子どもも多いため）、心理セラピー、アンガーマネージメント（犯罪予防を含む）、進路ガイダンスなどを受けることが義務づけられます。

SOSは、教育委員会、警察、民間の社会福祉団体が協力して運営しており、青少年の犯罪予防に貢献しています。

暴力事件が後を絶たず、ギャングたちがあふれていた1970～80年代には、刑務所と教育委員会が連携した「スケアード＝ストレート」というプログラムも開発されました。

「スケアード＝ストレート」は、非行を繰り返し更生が進まない非行少年らを、数時間の間、成人の刑務所に入れ、殺人犯や暴力犯らとともに実際に刑務所の生活を体験させることで、自分が今更生しなければどうなるかを現実的に理解させるショック療法的なプログラムです。

プログラムの目的は、「刑務所に入るのは、格が上がることにはならない」「刑務所では、自由が失われる」「暴力では刑務所から出ることはできない。だから、学校できちんと教育を受けなさい」というものです。

このメッセージは、現在でも変わりませんが、方法はマイルドになり、プログラムには一般の青少年も参加できるようになっています。

1995年以降は啓発教育が中心になっており、感情のコントロールや正しい怒りの表出の仕方、ソーシャルスキルの獲得の仕方、暴力への対応方法などを、幼児期から学校や放課後の活動施設などで教えることが増えています。

こうしたプログラムには、例えば日本でも紹介されている「Second Step」やGuardian Angelsの「Junior Angels Program」、CAPなどがあります。

1990年代には、学内ではいじめ予防プログラムが中心でしたが、小学校でのソーシャルスキル教育が授業として定着するようになると、「キャラクターエデュケーション」という形で、発達段階に応じて必要な道徳性やソーシャルスキルを組み入れた年間のプログラムが開発され、教員とカウンセラーが協力して実践しています。

注 「N.Y., BOSTON研修報告書──学校カウンセリングと地域連携を学ぶ　その3」包括的スクールカウンセリング研究会(2)、2006年

## 第2節 衝動性の意味と発生のメカニズム

### 1 衝動的な行動はどのようにして起こるのか

この節では、暴力をふるう要因になっている衝動性についての理解を深めます。

まず、衝動的な行動がどのように起こるのかについて、脳のメカニズムとの関連で考えてみます。

次に、衝動的な行動を起こしやすい「アンガー」の状態について理解を深めた上で、アンガーマネージメントの各段階で何をするかについての説明をしていきます。

#### (1) 衝動性を引き起こす要因

衝動的な行動とは、内的・外的な刺激に対して、結果がどうなるかを深く考えずに行動してしまうことであり、そのために、危険性が高い、不適切、といった結果を招くことが多いと考えられています。

衝動性の要因としては、次のようなものがあります。

① 情動制御の障害（自分の欲求を抑えられない）
② 反応制御の障害（外的な刺激に対する反応が抑えられない）
③ 欲求を保留するための価値判断の力の弱さ
④ 負のフィードバックに対する耐性の低さ（批判、非難されるとがまんできない）
⑤ 自己制御の障害（自分の行動をコントロールするスキルが未熟）

ADHD児によくある行動を観察してみると、こんな様子が見てとれます。注意の対象が次から次へと移っていく傾向が強いために、外的な刺激に対する反応制御がうまくできない。目の前に刺激があると、欲求を保留したり先延ばししたりする力（少し待つ、がまんする）が弱くなる。「ダメ」「どうしてできないの？」というような否定や批判にすぐ反応してしまう。また、自分の行動をコントロールするスキルが未熟であるということも考えられます。

#### (2) 行動が生じるまでのメカニズム

では、同じ刺激を受けたとき、衝動的な行動をする人と適応行動をする人には、どのような違いがあるのでしょうか。行動が生じるまでのメカニズムに沿って考えてみたいと思います。

適応行動ができる人の場合、図1-1のように［感覚刺激］を受けたとき、その刺激に対する［意思］が生じ、自分にどのような欲求が生じているのかを認識します。次に［運動

図1-1 行動が生じるまでのメカニズム

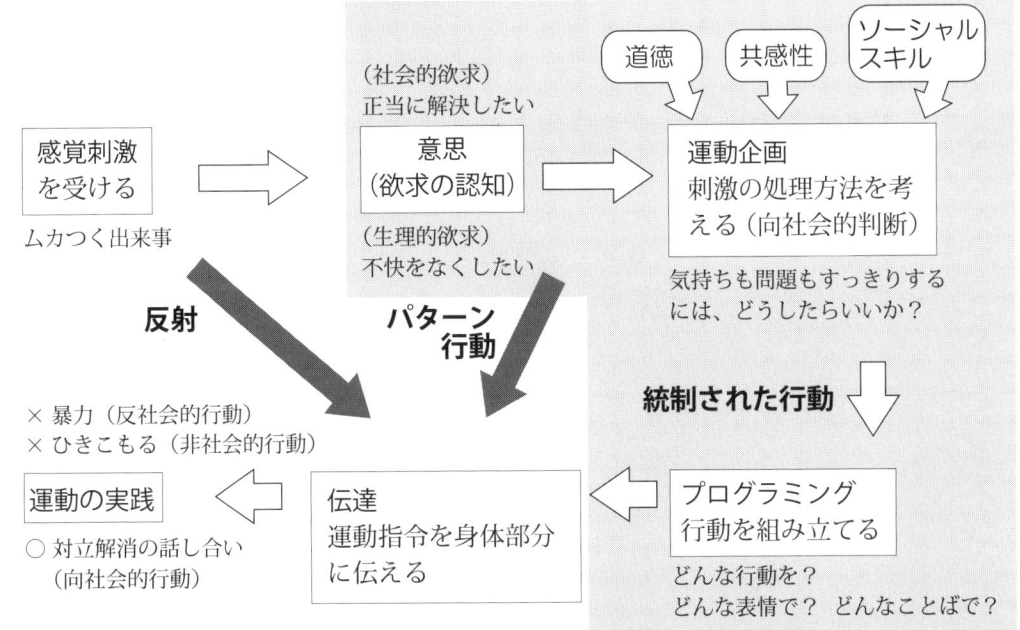

企画］が開始され、その欲求を満たすにはどのような行動をとるといいのかを考えます。

ここには、共感性やソーシャルスキル・道徳性などが影響しています。ここで企画された内容に、どのような順番で実行されるかの［プログラミング］がなされて、体の各部位に［伝達］されることで、行動に移されます。

これに対して、衝動性が暴力行動を引き起こすメカニズムについて理解していきましょう。同じく図1-1に、行動が生じるまでのメカニズムを示しました。

まず、映像や音、さわられるなど、何らかの［感覚刺激］を受けます。ここでの最も原始的な反応は［反射］と呼ばれるもので、意思による行動判断はなされていません。熱い物にさわって思わず手をひっこめる、何かが飛んでくるので目を閉じるといったときと同様の反応です。

常に危険な状況下に置かれている場合には、考えている時間がありませんので、反射に近い行動がパターン化しやすくなります。また、感覚過敏の場合も、神経が常に張り詰めていて落ち着きのない行動が表れやすくなります。暴力や虐待の被害者などには、不安や不快な刺激に対して反射的に攻撃行動を起こす様子がよく見られます。

あるいは反対に、過剰な刺激をシャットアウトするために、実際には物を見たり聞いたりさわられたりしているのに、感じないという乖離症状を引き起こすこともあります。

一般的には、刺激を受けたあとで「どうするか」を判断する「意思決定」のプロセス（図1-1の［意思（欲求の認知）］）に進み、自分の欲求を社会の規範に合う形で表現する方法を選ぶのですが、自分の欲求だけを実現しようとする自己中心的思考をする場合は、衝動の抑制がきかず、他者との折り合いをつける行動を選択することはできません。また、行動

パターンが限られている場合も、次の［運動企画］に進まず、行動の応用がきかなくなりやすいのです。

［運動企画］ができる場合には、同じ刺激に対しても状況や相手に応じてさまざまな対応を考えたり、同時にいくつかの行動を組み合わせたりすることができます。つまり、［運動企画］ができれば、それをどの順番で行うかを決めるプログラミングの過程に進めるのです。

その後、体の各部分にその指令を伝えて、実際の行動を起こすことになります。プログラミングができていても、伝達する神経系統に障害がある場合は、思うように行動ができなくなります。

## 2 衝動的な行動を適応行動にするために

### (1) プロセスの見立てに応じた対応

アンガーマネージメントを進める場合、暴力行為が、上記のどのプロセスで生じているのかを見立てる必要があります。それに応じて、［意思］の力で認知を変容し、向社会的行動を起こすための運動指令を出せる（［運動企画］）ように指導するのです。

反射的な行動が多い状態、あるいは言語力が低く自分の行動をコントロールすることができない場合には、正しい行動を繰り返し実践することで定着させ、意思が働く場合には、オートマチック思考や誤った認知を正していきます。また、行動パターンが限られている場合には、ソーシャルスキル・トレーニングを加えて対応力を増やしていきます。

一方、問題行動が生じやすい条件には、以下のような場合が考えられます。

・感覚刺激からすぐに［反射的な行動］を起こす場合
・［意思］はあるけれど決まったパターンの行動しか学んでいない場合
・「状況判断力」や「状況予測力」「共感性」などが育っていないために向社会的判断ができない場合
・最終的に状況判断はできても、その場面に対応するだけの「ソーシャルスキル」を獲得できていない場合

つまり、幼少期から積極的に自己コントロールする力を学んでいくことが重要だということです。

発達障害のある子の場合には、もともと他者への愛着や、自分の衝動性をコントロールすることが苦手であるという要素を持っていることが少なくありません。ですから、これら発達が遅れている要素について積極的に育てていくことが、2次的な障害を予防することになります。

### (2) AくんとBくんの事例から

具体例で考えてみましょう。Aくん（小学校5年生）は、多動性・衝動性の高いADHDと診断されています。感覚統合も悪いので運動は苦手で、特にボールを扱う運動は嫌っています。

Aくんは、体育の授業で「バレーボールの試合をします」という指示を聞いたとき（刺激）、以前、試合に負けてばかにされたいやな思い出がよみがえってきました。そのときの感情や言われた言葉などが、エピソードとして一斉に記憶から吹き出してきます。A

## Aくんの行動が生じるまでの考えと気持ち

くんはいやな気持ちでいっぱいになり、この気持ちを消したいという意思が生じたとたんに、パッと渡されたボールを反射的に先生に投げつけてしまいました。

すると、周囲から「何やってんだよ！」と非難の刺激を受け、「やりたくない」という気持ちがさらに高まります。上手に［運動企画］ができないので、いつものパターンで逃げ出してしまい、迎えにきた先生にも、「なんでバレーボールなんかやらせるんだよ！」となじってしまいました。

友達からはばかにされるし、「だからバレーボールなんて嫌いなんだ」とよけいに悔しくなり、本当は何をしたかったのかがますますわからなくなってしまいました。

小学校4年生のBくんも、同じようにバレーボールにいやな思い出がありました。「バレーボールをします」と言われたときに、いやな思いにおそわれましたが、Bくんはストレス耐性をつけるトレーニングをしているので、ボールを見ないようにして（不快な刺激の排除）、セルフトークをしながら考えました。（内言が育ちにくい子どもの場合は、言葉に出して考えたほうが理解しやすいため、著者はセルフトークを勧めています。）

「ぼくは、バレーがやりたくないのかな？それともばかにされたくないのかな？」

Bくんは「ばかにされたくない」という意思を確認し、そうするためにはどうしたらいいかを考えました。

また、Bくんは、自分の苦手な場面にどう対応すればいいのかを記した「サポートブック」をつくっています。その「サポートブック」に、「イライラしたときに見るページ」

第1章　アンガーマネジメントの理論と歴史　*15*

「悲しいときに見るページ」というようにアンガーマネージメントをするときに必要な考え方やソーシャルスキル、気持ちを変えるための写真などが入っています。その中から、「困ったとき」の対応方法の1つの「友達に助けを求める」を選んでみました。

その結果、友達から「Bくんは声が大きいから、応援したら？」とアドバイスをもらいました。また、先生からみんなに、「今日はよく協力できたところに点数がたくさん入ります」というルールを確認してもらい、協力を目標にして楽しくバレーボールをすることができました。Bくんは、自分の気持ちを理解すると同時に、周囲から受け入れられる行動をとることができたのです。

AくんとBくんの考え方やとらえ方の違いによって結果がどう変わったかを図に表したのが、23ページの「図1-5　怒りのログ」です。

このように、衝動的な行動に対しては、まず出来事に対する「感じ方」を変えることで、冷静な「意思」が働くようにします。これによって、広い視野で状況を理解したり、自分の行動が招く結果を想像したりする状況判断力が育ちます。続いて、衝動的な行動をコントロールするためのさまざまなスキルや、自分の欲求を正しく表現するスキルを学んでいきます。

「アンガーマネージメント」とは、このプロセスを構成的に実施していくプログラムなのです。

## 3　アンガーとは？

衝動的な行動を引き起こしやすい状態に「アンガー」があります。アンガーとは、「さまざまな感情が入り乱れ、混沌とした状態」と、私は定義しています。さまざまな感情が入り乱れていると、自分ではどんな気持ちなのかがわからなくなるので、興奮しやすくなります。興奮に伴って具体的な反応も引き起こします。また、何が起こったのかを誤って認知したり、どうするかを十分に考えずに衝動的に行動しがちになります。

このような状況を改善するために、アンガーマネージメントには次の3つの目的があります。

① 混沌とした心の状態を整理し、自分の欲求を理解できるようにする（自己理解）
② 向社会的判断力をつける（共感性、道徳性・規範意識）
③ 欲求を社会に受け入れられる形で表現するためのソーシャルスキル（ストレスマネージメント、他者理解、コミュニケーション力、対立解消など）を学ぶ

以下、アンガーマネージメントが必要とされる背景と、アンガーマネージメントの具体的な進め方について紹介していきます。

## 4　怒りのメカニズム

### (1) トラブルが増大するメカニズム

図1-2は、マイナス行動が繰り返されてトラブルが増大するメカニズムを示しています。

まず、個人の認知や行動の特性をつくっているものとしての素因（[1次障害]）を理解します。キレやすい考え方や行動をとりやすい素因には、愛着の障害、発達障害、人格障

図1-2 トラブルが増大するメカニズム

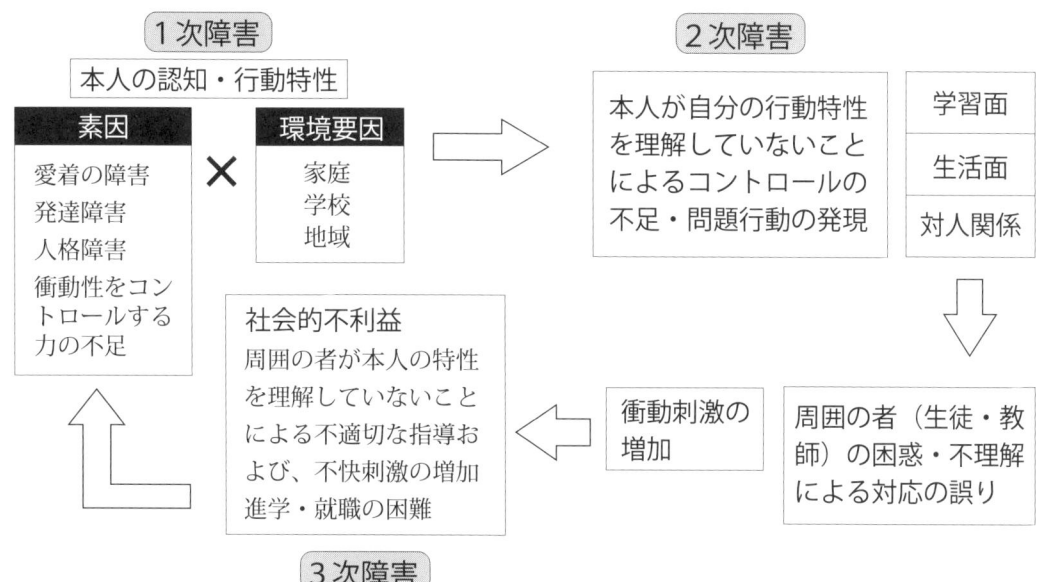

害などがあります。

また、衝動性をコントロールする力の不足も素因として影響します。これらが、暴力が常にあるような家庭や学校、地域などの環境要因と相乗効果をもたらして、衝動的な考え方や行動を定着強化させていきます。

自分の特性を理解していないと、行動をコントロールすることができません。苦手な刺激にさらされやすくなり、衝動性が高まるために、学習面、生活面、対人関係などにトラブルが生じ始めます。

集中力が持続しない、集団とペースを合わせるのが苦手、物事の見方が一方的で誤解を生じるなどといったことが続くと、しだいに周囲が困惑し始めます。本人の素因について周囲の人に理解がある場合は適切な対応をしてもらえるのでトラブルは減少します。しかし、周囲の人たちが不快感を強めると彼らにも衝動刺激が増加していき、「うるさい」「やめろ」「だからお前はだめなんだ」などと、その行動特性のある人を責めることになります。その行動特性のある人は、1つの行動に対して複数のマイナスのフィードバックを受ける結果になり、まわり中を敵に回してしまいます。そうなれば、周囲はこの人を避けるようになります。

これが、トラブルが増大するメカニズムであり、本人にとっては、社会的な不利益・ハンディキャップになるわけです。

したがって、衝動的になりやすい素因があっても、早期に対応や療育が行われている場合には、［1次障害］が悪化することはありません。また、自分の特性についての理解がありコントロールする力を身につけていれば、［2次障害］を引き起こすことも少なくなります。周囲の人々へのノーマライゼーションがあり、キレそうなとき、あるいはキレたときにどう対応すればよいかをわかっていれば、本人が困惑することなく衝動性は短時間で沈静化するでしょう。このように、トラブルが

第1章 アンガーマネージメントの理論と歴史

悪化しないようにするためには、まず本人が自分の認知・行動の特性を理解することが大切になるのです。

**(2) 脳の認知機能**

図1-3は、脳の認知機能の略図です。脳は右脳と左脳で機能が異なります。前述した行動メカニズムは、脳の機能の発達がどのようなバランスになっているかによって決まります。

脳の発達は、11歳くらいまでにほぼ90%が完成されます。したがって、他者の気持ちを理解するために必要な感情や行動コントロールができるための言語力や認知力がどのような状況であるかを的確にアセスメントした上で、例えば暴力を繰り返さないための防止プログラムを立てていく必要があります。少年院などの矯正施設においても同様です。感情が未分化だったり、論理性が未発達だったりする人に「被害者の気持ちを考えろ」と言っても、どのようにして被害者の気持ちを感じればいいのか、相手の立場になるとはどういうことなのかということがわからないからです。

脳の認知的な機能は、右脳と左脳のどちらの機能が相対的に強く働くかが人によって異なります。

右脳の機能の特徴は、〔直感的・主観的〕であるということです。出来事を目、耳、触覚などでとらえますので、右脳優位の人は感情の起伏が大きく、社交的で他者との会話や行動を好みます。ただし、ものごとのとらえ方が漠然としており、視点があちこちに移りや

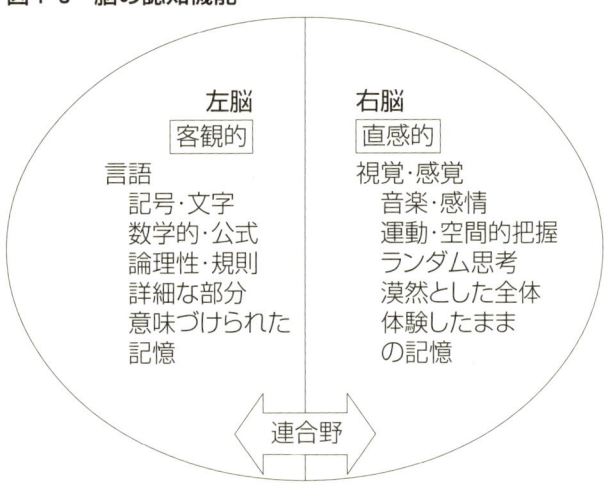

図1-3　脳の認知機能

すいので、状況を時系列や詳細に理解することが苦手です。

例えば、右脳優位の人は争いごとがあったときに記憶しているのは、体の痛みや相手の表情、口調であって、何を言ったのか、何が原因で争いになったのかの前後関係を正確に把握することが苦手なのです。そのために、争いごとの最中に、以前にその相手に殴られたことが思い出されたり、別の相手になじられたときの口の様子を思い浮かべてしまったりするため、「アンガー」の状態に陥りやすくなります。

一方で、右脳優位の人はランダム思考なので、いったん落ち着いたり、気持ちが違うところに向いたりすると、さっきまでの暴れ方はいったいなんだったのだというくらい穏やかにあるいはニコニコと違う作業をしていたりします。周囲は、この感情の気まぐれ状態に振り回され、怒らせないように気を使うようになっていきます。

左脳の機能の特徴は、〔客観的〕であるということです。左脳優位の人は、ものごとを言葉や文字、記号、図式化して理解しようとす

る特徴があります。規則に忠実に従い、決まったパターンの行動をすることが得意です。知能が高く、さまざまな論理思考ができる場合には他者の考え方を理解し柔軟に対応することができますが、思考が偏っている場合には自分のやり方に固執したり、納得するまで新しいやり方ができないこともあります。

　左右の脳の機能を結ぶのが［連合野］と呼ばれる機能です。［連合野］の機能が発達している場合は、見たり聞いたり体験したりしたことを、左脳で言語化したりパターン化したりして理解します。体験を意味づけして記憶できるので、自分の行動の背景やメカニズムを理解し、行動をコントロールしやすくなります。また、相手の言い分を的確に理解したり、自分の気持ちを上手に相手に伝えたりできるので、対人関係でのトラブルが減りますし、たとえ対立しても話し合いながら解決していくことができるのです。

　したがって、アンガーマネージメントを進める場合には、右脳、左脳の機能がどの程度発達しているのかを把握した上で行うと、効果的です。発達している機能を生かしながら未発達な部分に働きかけて感情をコントロールしたり、新しい行動を記憶させたりしていくのです。

# 第3節 アンガーマネージメントの一連の流れ

　図1-4はアンガーマネージメント・プログラムの流れです。

　プログラムの流れは、行動変容を促進する「ABCモデル」（Affection：感情、Behavior：行動、Cognition：認知）に基づいています。「ABCモデル」は、誤った行動は成長過程で生じた偏った感じ方や考え方に基づいて学んだものであるから、それぞれに対してゆがみを矯正していくことで変容できるという考え方です。

　しかし、一度定着してしまった行動や言動のパターンは、強靭な意思力がない限り、変えることは大変難しいことです。これを変えるには、まず、「自分が何をしているのか」に気づく（第1課程）ことから始めます。そして、「なぜ、こうなるのか」「このままだとどうなるか」を知的に理解し（第2課程）、そうしてしまう自分を受け入れた上で、「変わりたい」「同じ過ちは二度としたくない」「ありのままの自分らしい感情表現をしたい」と心底感じること（第3課程）が必要です。このことで、元に戻りそうな気持ちを踏ん張って

**図1-4　アンガーマネージメント・プログラムの流れ**

**個別指導**：最低週1回程度、全体で5～15回を行うのが好ましい

| 第1課程 | 第2課程 | 第3課程 |
|---|---|---|
| **気づき**<br>応急処置の方法を学ぶ（気持ちへのネーミング、行動パターンの理解） | **知的理解**<br>このままだと、どうなるのか？ なぜ、こういう行動になるのかを振り返って「引き金」に気づく | **感情的な受容**<br>ありのままの自分を受容し、自分のよいところを使って、行動緩和 |

| 第5課程 | 第4課程 |
|---|---|
| **新しい行動パターンの定着**<br>SSTなどを使って日常場面を想定した新しい行動パターンの練習を行う | **新しい行動パターンの習得**<br>アンガーを適切に表現するためのキレにくい考え方やスキルを学ぶ |

→ 新しい行動・考え方・感じ方の定着

こらえることができるようになります。

この段階でようやく「新しい行動パターンを学ぶ」という段階（第4課程）に入ります。新しい行動パターンを学んだら、日々練習を繰り返して定着させていきます（第5課程）。プログラムが終わる頃には感情の幅や考え方の幅が広がり、対応できるスキルの数も増えているので、以前と同じ刺激を受けてもすぐにかっとならず、ちょっと違う見方ができるようになります。状況や相手に応じてうまく対応できる力がついているからです。

このプログラムは、意識の表層の部分から触れられたくない深いところへと螺旋状に進んでいきます。扱う題材・テーマは同じでも、第1課程ではそのテーマにかかわる「事実」、第2課程では「認知・考え方」、第3課程では「感情」と、無理のないように進めます。

このプロセスには、「育ち直し」の作業が含まれます。まず第1課程では、主観的な「事実」を客観的に見直す視点、次に、ゆがんだ認知を社会に適応しやすいように変容していき、最後に、これまでの人生で未発達だったり傷ついていたりした感情を育て直していく作業をします。その上で行動変容に入るのです。

この進め方は、どの年齢層でも、また発達障害などの特徴のあるケースでも同じですが、対象者の年齢や言語的、知的な能力などを考慮して、言葉で実施する場合、絵を描いたり示したりして進める場合など、さまざまなアプローチの仕方があります。特徴別の事例は第3章でご紹介します。

では、それぞれの段階の詳細をご紹介しましょう。

## 第1課程　気づき

第1課程は、気づきに重点が置かれています。行動が生じるメカニズムにおいて、自分の意思で行動を起こすためには、自分が何をしているのかを意識する（気づく）必要があるからです。

気づきが促されるまでには時間がかかりますので、その間にまず、かっとなった場合の応急処置を教えていきます。

カウンセリングルームや、少年院・刑務所などの矯正施設では、行動規制を外枠からつくることができるので、衝動性は抑えやすいのですが、学校の相談室や更生保護など枠組みがつくりにくい場では、対象者自身が行動規範をつくらなくてはならないという大変さがあります。そのため、気づきのセッションと同時に、自分自身で環境調整をして、キレる「きっかけ」をはずせるようにしたり、衝動的になったときにその場ですぐにできるストレスマネージメント（深呼吸、目をつぶる、こぶしを握ってパッと離して脱力する、大切な人の写真を見るなど）を導入したりする必要があるのです（22頁の資料1-1参照）。

次に、「怒りのログ」（23頁の図1-5参照）による行動パターンの理解に進みます。

これは、暴力行為をしてしまうときの「引き金」となる出来事、「自分がとりがちな行動」およびその「産物」つまり「結果として自分や相手に何が起こったか」を冷静に振り返る作業です。「引き金」となる出来事やそのときの気持ちや考えにも焦点を当て、自分の考え方や感じ方のパターンを理解します。気

### 資料1-1　ストレスマネージメントのツールボックス

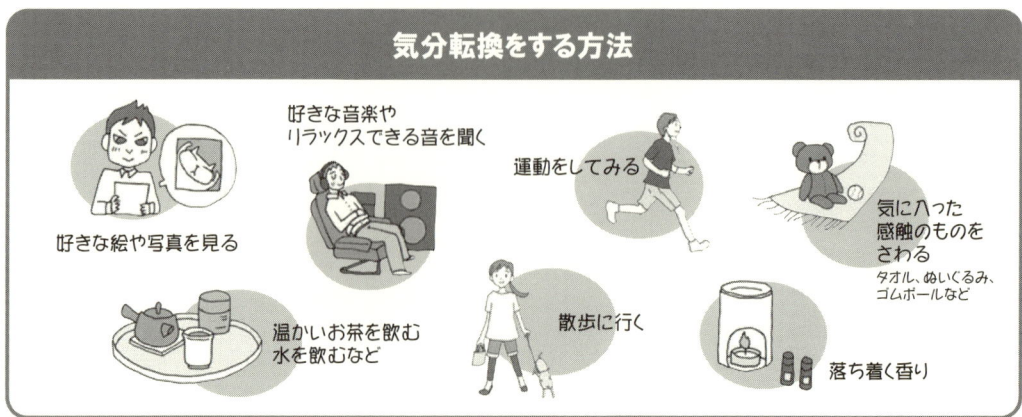

図1-5 怒りのログ

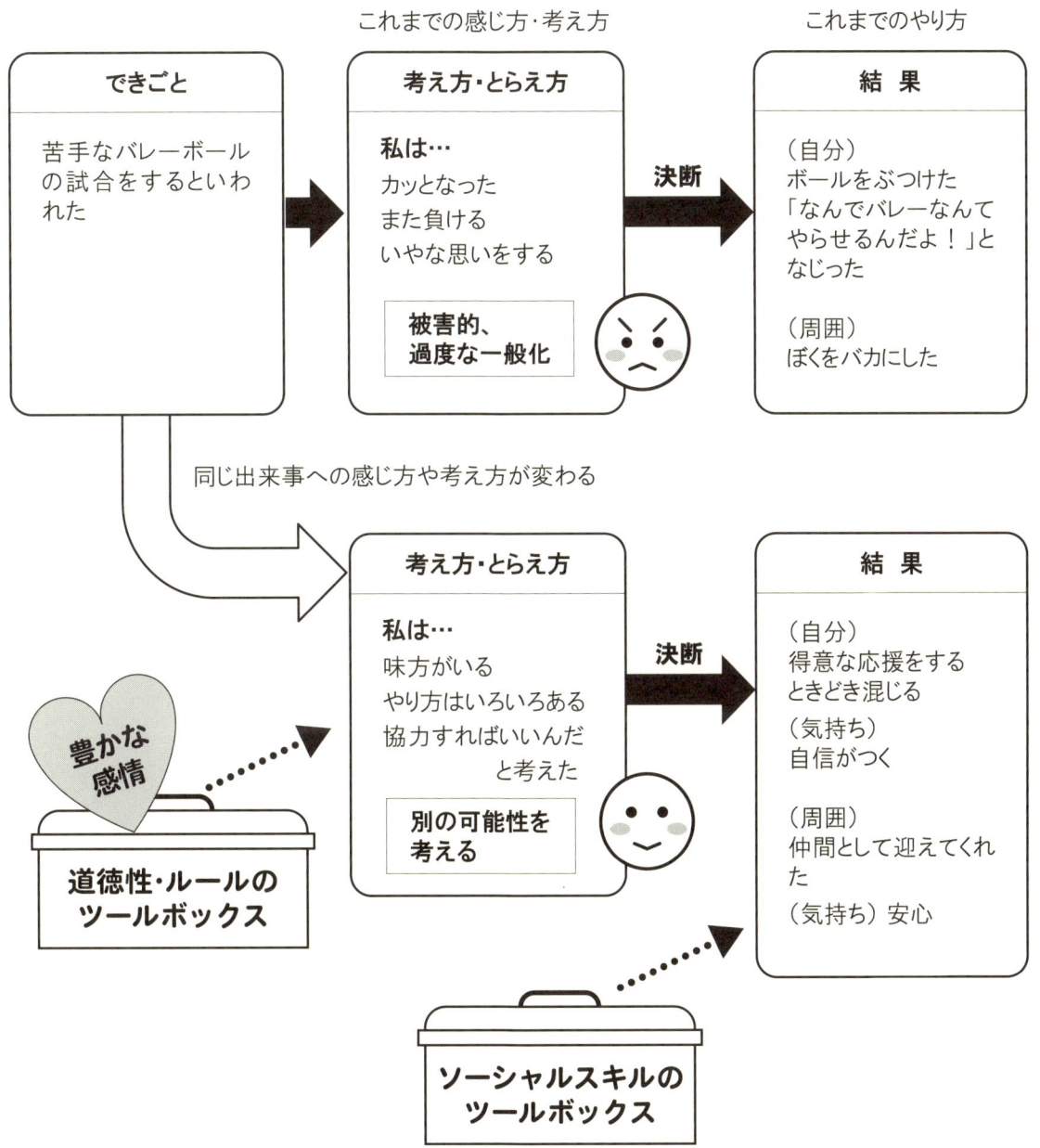

づきが促進されれば「引き金」を引かないように注意したり、考え方や感情を調整したりすることで［行動］を変えることができるからです。

　まず、自分の行動について振り返ります。
　触法行為や犯罪を犯した場合の面接では、自分が犯した行為や犯罪について振り返ります。この段階の面接では、対象者は「Youメッセージ」と呼ばれる、他者を主語とした表現を多く用います。「あいつのせいで、こうなった」「クラブの先輩が」「親が」「教師が」「上司が」「世の中は」というように人を責めますが、まだ自己を見つめる準備ができていない段階なので、ある意味では自然な反応とも言えるのです。

　ここで教師や面接者が、人のせいにしていることを責めるのではなく、肯定的に傾聴する姿勢を持つことが、信頼関係をつくる上で大切になります。つまり、十分に「犯人探し」につきあううちに、対象者が自分と他者との関係を冷静に見ることができるようになり、原因を自分の中にも探すことができるようになります。

　そのタイミングを見計らって、「気づき」を促進させるために２つのことを行います。まず、彼らがとらえている主観的な事実を客観的な事実に置き換えていく作業を行います。次に、人のせいにしている状況を自分の責任へと変容させていく作業です。

　話を始めたときは、主観的なゆがんだ見方をしていますので、まずは、彼らの言い分を否定せずに丁寧に聴き、彼らにとっての「事実」が何なのかを理解することから始めます。最初から否定すると、心を閉ざしてしまい信頼関係が構築できないので、作業が進まなくなってしまうためです。

　彼らにとっての事実がわかってくると「認知の歪み」や「表現したかった本当の感情」が見えてきます。そこで事実を広い視野で見たり、前後関係を整理しやすいように、「４Ｗ１Ｈ」（いつ、どこで、誰が、何を、どのようにした）の質問を用いていきます。ここでは、「なぜ」は使いません。事実が整理されていないときに「なぜ」を使うと、他者への怒りが爆発しやすくなり、内省が進まなくなるためです。

　事実が整理されてきたら、「Youメッセージ」を「Iメッセージ」に変容していきます。例えば、「あいつはなぐられて当然なんだ」と話したら、「あなたは、殴ることで相手をどうしたかったのですか？」と尋ね、「あいつはいつだってうるせーんだよ。ごちゃごちゃ言いやがってさあ」とまた「Youメッセージ」を使ってきたら、「あなたは、相手に黙ってほしかったのですか？」と面接者が「Iメッセージ」にしてリフレーミングしていきます。

　それでもたいていは、「そーだよ。あいつが黙りゃいいんだよ。なのにうだうだ……」と「Youメッセージ」が続きます。面接者は繰り返し「あなたは、相手に黙ってほしかったことをどのようにして伝えましたか？」と、本人の行動や言動に焦点を当てていきます。これを繰り返すと内省に入っていける人と、「なんだよ。じゃあオレだけが悪いって言うのか」と、怒りの矛先が面接者に向かってくる人に分かれます。

　内省に入っていけた場合は、「第２課程　知的理解」に進んでください。怒りの矛先が

面接者に向かってきた場合や他者に向かい続けている場合には、この段階の目的を本人に告げ、どうしても人のせいにしてしまう行動パターンに気づかせていきます。

先の例では、「私はあなたが悪いとは言っていませんよ。自分の行動を尋ねられると、あなたは責められているように感じてしまうのでしょうか？」と穏やかに本人に問い返していきます。

この段階では、彼らはこれからの対応や処遇に対する不安をはじめとして、これまでの整理されていない感情に翻弄されている段階ですので、面接者はニュートラルな状態でいることが大切です。

このような行動パターンの気づきを促進するために用いられるのは、傾聴と明確化です。日常生活の中で生じるさまざまなトラブル場面で何が起こっているのかを客観的に見直し、気づかせていくことになります。

特に、右脳が優位な人は主観的・感覚的にものごとを記憶しているため、1つのエピソードを丁寧に聴いていくことで冷静に出来事を振り返る習慣をつけていくことが大切になります。

気づきは、学校や矯正施設内などトラブルが生じた直後に面接ができる場合には進めやすいのですが、更生保護では、過去の事例を思い出しながら語るということが多くなるので、そのときの様子を思い出しやすいように言葉のみではなく、当時の資料を用いたりする工夫が必要になります。

特に知的障害や記憶力が弱い対象者の場合には、思い出すこと自体が苦痛な作業だったり時系列が混乱する傾向が強いため、理解しやすい資料を用意することが必須になります。

## 第2課程　知的理解

ここでは、このままの生活や行動パターンを繰り返していると自分はどうなるかを予想したり、自分が起こしてしまった事件がなぜ起こったのかを振り返るという知的理解の作業を行います。衝動的な行動パターンや暴力行為を続けていることのメリットやデメリットを冷静にリストアップし、なぜ続けているのかを理解できるようにします。

行動には必ずメリットとデメリットがあります。続けている場合にはメリットのほうが大きいはずですが、本当に欲しいものが手に入っているのかどうかを、冷静に理解させていきます。そして、デメリットに気づいた段階で、本当は、どういう自分でいたいのかを浮上させていきます。

学校や相談室での面接場合は、衝動的、暴力的な行動で関係を悪化させてしまったこと（友達、先生の信頼、学習への意欲など）を振り返り、本当はどうしたかったのかを見つめます。

矯正施設の場合には、事件がきっかけになって別れた恋人や縁遠くなっている家族とどうなりたかったのか、いつからこうなってしまったのか等をじっくりと振り返ります。

いずれの場合も、自分自身への後悔や自分をいつくしむ気持ちが出てくるようになると、インナーチャイルドと向き合うことができるようになります。

インナーチャイルドというのは、本来の自分の姿です。これに気づき、いとおしむこと

ができるようになると、生育歴の中で抑圧されて表面に出ないようにしていたり、傷ついて人前に出ること自体を怖がっていたりする自分を、育て直す作業を開始することができます。

　自分のゴールを達成するためには、これからどんな力が必要なのか、周囲の人とのかかわり方などどういう変化を必要とするのか等を考えていきます。同時に、目的達成の妨害になるものも理解していきます。

　ここで用いられる面接技法は、内省を深めていくための傾聴、明確化や認知行動療法です。

　例えば、少年時代から衝動性が高く、ばかにされるのがいやで勉強はほとんどしようとしなかったCくんに、きちんと勉強をしようと勧めると「ムダムダ、オレあほやから。それよか、もっと手っ取り早く金たまる方法ないの？」と言われたとします。これを、文字通り表面的にとらえると、「Cくんは、勉強をする気はなく楽をしようとしている」となり、「最初からそうやって努力しようとしないからだめなんだ。金は楽して手に入れるものじゃない」と説教をしたくなってしまいます。

　ところが、Cくんの言葉には以下のようなことが含まれているのです。

・「自分はあほだ」という思い込み
・「勉強しても覚えられない」という体験
・「お金はためたい」という願望

　Cくんは今までどのように評価されてきたのでしょうか？　どのような勉強方法をしていたから覚えられなかったのでしょうか？

　まずCくんに、自分の考え方のパターンに気づかせます。「あほ」という思い込みは人からのレッテルであること、Cくんはすべての分野について「あほ」であるわけではないこと。そして、「あほだ」と自分で人に宣言することで、Cくんはそれ以上に苦痛な思いをしなくていいように防衛していることに気づかせます。その背景には、「ばかにされたくない」「勉強だって多少はできるようになりたい」という思いがあることを面接者が理解し、本人に気づかせていくのです。

　自分が嫌いなのは「勉強」そのものなのか「苦痛な思い」をさせられることなのかに気づいたら、このまま勉強を避けていたらどうなるのか、苦痛でない勉強方法ならやってみたいのか、もし、何かができるようになっていったら自分の収入はどう変わるのかなどを具体的に検討していきます。

　この作業の中で、「オレ、まだやり直せるのかなあ」というつぶやきが出てきたり、「あのときに誘いに乗らなきゃよかったんだ」という悔いの思いが出るようになったら、第3課程に進みます。

## 第3課程　感情的な受容

　この段階は、「変わりたい」「大切な人・もの・居場所などを守りたい」「二度と同じ過ちは繰り返したくない」というように、やり直していくための揺るがない気持ちを育てることが目的です。

　ただし、「変わりたい」というのは別人になることではありません。自分が持っている特性を受容し、家族や生きてきた環境を受容する中で、「ありのままの自分」を受容するとこ

ろから始めます。もし親が変わらなくても、自分が持っている特性や障害は変わらなくても、自分を大切にする気持ち（セルフエスティーム）を育てるところに重点を置きます。同じ環境であっても、自分をコントロールすることができれば、自分が望む方向に行動を導くことができるからです。

犯罪を犯してしまった場合にも、犯罪に至ってしまった自分を理解して受け入れるように支援します。その上で、育ち直しの作業に入ります。犯罪に走ってしまう人は、自分の特性を両親や周囲から非難し否定される経験を重ねてきた人が少なくありません。ですから、むしろ自分を認めてほしくて、非行・犯罪を繰り返してきたのです。

ところが、そういう自分を一番認めたくないのが本人だったりもするのです。自分自身が自分を受け止めて、はじめて更生が始まります。その上で、被害を与えた人や迷惑をかけた人たちの立場に立って感じることができるように導いていきます。

ここで用いられるのは、「傾聴」と「共感的・受容的面接」技法です。自分が犯した犯罪を振り返り、そのときの気持ちを整理していきます。

誰に対して、どんな気持ちがあったのか、例えば「怒り」だと思っていたのは「悲しみ」や「寂しさ」「悔しさ」ではなかったのかを振り返ります。また、それは本当に被害者に対しての気持ちだったのか、それとも過去の体験で誰かにぶつけたかった感情なのかを理解するために、自分のこれまでの生い立ちや対人関係での傷つき、あきらめ、不満、怒りなどへの振り返りを行います。

感情的な受容の面接は、彼らが「ありのままの自分」を受容していくための大切な段階です。過去のさまざまな思いを1つ1つ振り返りながら、「誰に」「どんな気持ちを」「本当はどうやって伝えたかったのか」を整理していきます。そして、次にその人に会うことがあったら「何をわかってもらいたいか」「わかってもらえなくても、自分の気持ちをどう伝えたいか」を、面接者と生徒が一緒に考えていきながら、1つ1つの感情に「ふた」をしていきます。

これは、封印するということではなく、彼らがその感情を自分でコントロールできるように、いったん箱にしまうように整理していく作業です。自分の気持ちを言葉で伝えたり、整理したりできるようになったら、第4課程に進みます。

## 第4課程　新しい行動パターンの習得

この段階では、自分の欲求を社会に適応する形で表現するためのさまざまなソーシャルスキルを学んでいきます。これまでの段階ですでに学んでいるスキルも復習として使っていきます。例えば次のような力です。

---

① 日常のストレス耐性や解消方法（体のリラックスや、不安への耐性づくり、前向きに考えるなどの力）
② 自己理解力（自分の考えや気持ちを言葉にする力）
③ 自己表現力（言葉およびジェスチャー・表情などの非言語のコミュニケーション力）

④ 他者理解力（共感性、仲間入り、仲間の維持、相手の行動予測力など）
⑤ 相互理解力（アサーションや対立解消）

これらは、実践しながら学ぶのが最も効果がありますので、具体的場面を想定してのロールプレイを繰り返しながら練習します。

例えば、謝るときの立ち位置や表情、声のスピードなどを1つ1つ丁寧に練習したり、人がしているのを見ながらどうすると伝わりやすいかを獲得していきます。

ソーシャルスキルの項目については、69ページの資料2-3「ソーシャルスキルの内容」や、拙著『キレやすい子へのソーシャルスキル教育』（ほんの森出版、2007）を参照してください。

### 第5課程　新しい行動パターンの定着

この課程は、行動変容のために学んだスキルの練習です。さまざまな活動の中に取り入れながら第4課程で学んだソーシャルスキルを実践練習していきます。ソーシャルスキルのツールを用いたり、自分用の「レスキューノート」＊をつくっていったり、ロールプレイを行いながら具体的な対処スキルを練習したりします。この段階では、宿題を出し、日常的に認知の変容やスキルが使えるようにモニターしていきます。

### 第6課程　終結への話し合い

最後の課程は、「アンガーマネージメント・プログラム」を卒業するための準備です。アンガーマネージメント・プログラムが終わっても、自分1人で学んだことが実践できるかどうかを整理していくのです。

学校の場合は、定期的なカウンセリングがなくなった場合に自分でどう対処するかについての話し合いをします。矯正施設の場合は、退院・出所後のさまざまな出来事をシミュレーションしながらそれぞれの場面でどうすればよいかを整理していきます。

アンガーマネージメントは、誤った行動を引き起こす考え方や感じ方を本人が理解し、自ら調整できる力を育てることが大変重要です。暴力をふるわないように自分で自分をマネージメントできるようにするためです。

ですから、面接者あるいはファシリテーターは、じっくり時間をかけて実施すると同時に、本人に語らせたり、考えさせたりするための支援者であるというスタンスを守るようにしてください。

---

＊　本田恵子「レスキューノート」クリエーションアカデミー、2009年。124頁参照。

# 第2章

# アンガーマネージメントの面接技法

## この章の内容

この章では、面接技法を学びます。
- 第1課程　気づきの段階の面接技法
- 第2課程　知的理解——明確化と直面化の面接技法
- 第3課程　受容の段階の面接技法
- 第4・第5課程　新しい行動パターンの習得と定着

## キーワード

傾聴　明確化　直面化　自己受容
インナーチャイルド　ストレスマネージメント
コミュニケーション技術　交渉
対立解消　ネゴシエーション

面接は、相手を理解したいという気持ちから始まります。
相手の気持ちに寄り添い、同じ立場、視点で気持ちを整理していきます。
気づかせるのではなく、本人が気づきを促進できるように支援するのです。
実際に練習しながら読み進めてください。

# 第1節

# 気づきの段階（第1課程）

## 1 気づきの段階で用いる技法

　気づきの段階では、自分が起こす行動とその背景になっている引き金や考え方などを本人が理解できるように丁寧に聴いていきます。ここで用いられる技法は、傾聴と共感です。

### (1) 傾聴とは

　傾聴は、面接技法の基本にあたるものです。文字通り耳、目、心を傾け、相手の話す内容や気持ちを丁寧に聴いていきます。

　アンガーマネージメントにおける傾聴は、面接者が自分の偏見や先入観をできるだけニュートラルな状態にした上で、積極的に聴いていく姿勢が必要です。

　第1課程では、面接を受ける生徒（話し手）はさまざまな感情が入り乱れており、キレやすい考え方がたくさん出てくるため、面接者（聞き手）も相手の気持ちに影響されたり主観的な世界観に引きずり込まれたりしやすいからです。話し手が体験したことを聞き手がそのまま疑似体験できるように、自分の頭の中をまっさらにしておく必要があるのです。白い画用紙に、相手が話す内容を1つずつ描き入れていくようなイメージで話を聴いていくといいでしょう。

　なお、傾聴では、以下の4W1H（What, When, Who, Where, How）の質問を使ってみてください。

　ここでは、Why（なぜ？）は用いません。面接の初期段階では、話し手には行動の理由ははっきりしていないので、尋ねられると話し手が防衛的になったり、「なんでそうしたの？」という尋ねられ方を非難されているように受け取ったりしがちだからです。どうしても理由を知りたい場面ではHowを用い、どのように考えているのかを尋ねるようにしてください。

What　何が？　何をしましたか？　何をされましたか？　何を見ましたか？　など

When　いつ？　いつからそう感じていますか？　強く感じるようになったきっかけが何かありましたか？　など

Who　誰が？　そう考えたのは、誰ですか？　誰にそういう気持ちがありますか？　自分でそう思っていますか？　それとも誰かに言われましたか？　など

Where　どこで？　それはどこで起こりましたか？　そんなふうに感じるときにど

こが思い浮かびますか？　など
How　どんなふうに？　そのときの様子がどんなふうだったのか、具体的に説明してください。その気持ちはどんなふうに起こりますか？　など

　このように、４Ｗ１Ｈに、「感じる」「考える」「行動する」などの動詞と時制（過去、現在、未来）を組み合わせていくと、より傾聴が進みます。

### (2) 共感とは

　共感とは、相手の気持ちを一緒に感じているという状態です。大切なことは、そこに自分の経験や感情を加えないことです。自分の経験に基づいて「わかったつもり」になったり気持ちを押し付けたりするのは同情であり、共感にはなりません。

　共感するためには、自分の気持ちをニュートラルにして相手を感じている必要があります。また、話されている言葉だけでなく、表情、間合い、抑揚などからも、そのときの気持ちを感じるようにしてみてください。

　例えば、同じ「こわいんです」という言葉でも、ニコニコ笑いながら伝えるときと、上目づかいでこちらに依存してくるような雰囲気で伝えるとき、「こわい」という言葉を出すことさえ躊躇しているようなおびえた様子のときとでは、話し手が感じている気持ちは異なります。どんな気持ちなのか、そう感じると体がどうなるのかなど、傾聴しながら気持ちを味わってみてください。

　気づきの段階では、どのような行動であっても共感的に聴きます。

## 2　面接演習

　ではここで、気づきの面接の演習をしてみましょう。まずはウオーミングアップの傾聴の練習です。次のように進めてください。

### (1) ウオーミングアップ

　面接演習が初めての場合でも慣れている場合でも、まず傾聴ができているかを確認するために、ウオーミングアップとして以下の練習を２分程度行ってから始めてください。

---

**傾聴の練習**

① ２人１組になり、話し手と面接者（聞き手）役になります。

② 話し手が、以下のテーマについて２分間話します。

③ 面接者は、本人の行動パターンが明確になるように傾聴してみてください。

〈テーマ〉自分が苦手としているもの

〈聴いていくポイント〉

　何が苦手なのか、どんなところが苦手なのか、それを見る、触るなどのときの気持ちや考えなどを丁寧に聴いていきます。

---

### (2) ワーク１　気づきの面接演習

　傾聴の勘はつかめましたか。では、気づきの面接演習に入りましょう。４人１組になり、次ページの「ワーク１　気づきの面接」に沿って面接の演習をします。

　ステップ１,２のあと、ステップ３から５

## ワーク1　気づきの面接演習

### ステップ1　4人1組になり、次のように役割を決めます

| | | |
|---|---|---|
| ・花子役（話し手） | 1名 | 暴言を続ける役を演じます |
| ・面接者役 | 1名 | 花子の気づきを促します |
| ・オブザーバー | 2名 | 面接者役担当と花子役（話し手）担当に分かれて、それぞれの会話を記録します |

### ステップ2　事例を理解する　（20分）

「面接演習用資料」（34ページ）の事例を読み、花子役と花子役のオブザーバーは、花子の認知行動パターンを想定します。面接者役がどのような態度や言葉がけをしたときに、どういうアンガーの表出方法（消極的あるいは積極的）をとるかを決めます。

面接者役と面接者役のオブザーバーは、花子の認知行動パターンを想定し、情報を引き出すためにどういう質問を組み立てるとよいかを考えます。

### ステップ3　第1回面接　（5分）

花子役と面接者役が、事例に沿って面接をしてください。

オブザーバーは、自分が担当する役割の人のセリフや態度を逐語で記録してください。

### ステップ4　面接の振り返り　（10分）

面接の振り返りは、4名全員で行います。花子への理解が進む面接ができたかどうかについて、次のように振り返りを進めてください。

(1) 面接がどう進んだかの振り返り

　　　5分間で話がどう進んだかについて、概要を説明してください。

　例：面接者が出来事について尋ねると、花子はこんな面接を受けなくてはならないという結果から話し始め、「悪いのはみちおなのにムカつく」という感情をあらわにし始めた。

　　　面接者は、一度花子の話を止めて、「みちおに対するムカつく気持ちがどういうときにどんなふうに出るのか」、引き金と行動を聞こうとした。

　　　しかし、花子は振り返ることができずに、みちおがいかにムカつくかをどんどん興奮していきながらまくしたてて時間になった。

(2) 花子役の引き金、行動のパターンが明確になったか

　　　花子役の振り返りのポイントは、〈引き金〉〈考え方〉〈感じ方〉〈行動のレパートリー〉などをキーワードにして、自分の考え方のパターンに気づくことができたかどう

かです。
(3) 面接者役の振り返り
　①花子の行動パターンに気づくことができたかどうかを、面接者役に話してもらいます。
　　例：上記の面接では、「みちおが引き金になって、自分はいやな思いをさせられている」という被害的な気持ちが出ていました。同時に、出来事を尋ねる質問には答えず、ひたすら「みちおが悪い」と言い続けることで、問題から逃げているという行動も見られます。
　②面接技法がどの程度使えたかを振り返ります。
　　うなずき、４Ｗ１Ｈの質問、明確化など。
(4) 面接をやり直したい場面を１つ選びます。
　　逐語をもとに振り返り、花子の気づきを促進するために、花子に行動を振り返るよう促すことができた場面を１つ選んでください。

### ステップ５　やり直し面接（５分）

振り返りの中で気になった場面に戻り、もう一度傾聴をしてみてください。

　４人１組で、これを交代しながら　練習してみてください。

## ワーク1の面接演習用資料　花子さん（中学3年生）の事例

### 花子さんのプロフィール

家族は、父（税理士）、母（専業主婦）、兄（高校2年生）、花子。

花子さんが小さい頃から両親は頻繁にケンカをしていた。しかし、なじりあっていると思っていたらいつの間にか一緒にお茶を飲んでいたりするので、花子さんは混乱し、大人への不信感を強めている。家では、両親とほとんど口をきかず、最近では食事も両親と一緒にしないようにしている。

兄は穏やかで、目立つタイプではないが、柔道部では副将として信頼を受け、母は兄を頼りにしているところがある。花子さんは、兄が話しかけてくると応えるが、自分から兄にかかわろうとすることはない。兄と一緒にいると、花子さんは落ち着かなくなる。

### 事件　いじめ

花子さんは、同じクラスのみちおくんが気になっている。みちおくんと顔を合わせると「息くさ～い。消えろ」「何まじめぶってんの？」などと、いやみや暴言が出る。

みちおくんは男子からもからかいのターゲットにされており、教科書やプリントが隠されたり、みちおくんがゴミ捨てに行くために校舎から出て戻ると校舎の内側から鍵がかかっていたりする。みちおくんががまんできなくなって、いたずらした男子やクラスに文句を言うと、花子さんは暴言を吐いたり、みんなが文句を言うのに乗じて「バカはこれだから困るんだよ」など、きつい言葉を投げつける。まわりはその言葉を聞いてゲラゲラ笑うため、花子さんが引き金を引くかたちでみちおくんが大暴れすることが頻繁にあった。

みちおくんが暴れたあとには、関係した生徒を先生が集めて、事情を聞くために話し合いをする。しかし、花子さんは他の生徒が謝っても、「なんで私がこいつに謝んなきゃいけないの？　悪いのこいつじゃん」と言って絶対に引かなかった。先生が「人の悪口を言うことはいけない」と伝えても、「なんで？　悪口じゃないよ。こいつの息くさいのって事実でしょ。直すのはこいつじゃん。先生はいつも本当のこと言えって言ってるでしょ。だったら先生が間違ってましたってことになるんじゃないの？」と詰め寄る始末である。

### 花子さんの友達関係

花子さんは、学校では特定の友達がいるわけではなく、なんとなくいろいろなグループに混じっている。

嫌いな授業のときは、保健室かカウンセラー室に行く。自分でその時間を予約する。保健室やカウンセラー室に入りびたっているわけではないし、そのほうがみちおくんへのいじめもないので、担任も黙認。カウンセラーは、担任が了解していることなので、授業中の予約を受けている。

保健室では、本を読んだり黙って外を見たりしており、カウンセラー室でも自分の好きな俳優やドラマの話をしているが、家族のことなどはほとんど話さない。成績は、すべて「3」はとっている。大学への進学希望はない。専門学校に行って資格を取りたいわけでもなく、入れる高校に通って、その後はフリーター的に雑貨屋でアルバイトすればいいと思っている。

### 面接場面の設定

みちおくんが登校しぶりを始めたのをきっかけに、花子さんの「アンガーマネージメント」を実施することになった。

までの流れを1セットとし、4人がすべての役割を経験するように役割を交代して4セット行います。1セットを20分で行いますので、最初のステップ1と2を入れても、2時間の演習で全員が練習できることになります。

## 3 「ワーク1 気づきの面接演習」の解説

面接演習は、いかがでしたか。〈気づきの面接の進め方〉では、花子さんの行動パターンが以下のように明確になったかどうかがポイントになります。

提示された資料の情報が限られているので、花子役をする人がどういう花子像をつくるかによって以下の質問への答えは変わるでしょう。そこで、ここでは基本的な刺激と行動のパターンを整理するポイントを解説します。

① 花子さんは、みちおくんの何を見ると、どういう行動を起こしているのか

花子さんはみちおくんを見るたびに、いやみや暴言を言います。これは、攻撃行動なのでしょうか。それとも、自分の不快な感情のはけ口としているだけなのでしょうか。

最初は、単に不快になるだけで、八つ当たり的な行動です。

② 花子さんの暴言がひどくなるのは、みちおくんがどういう状態のときだったか

男子にからかわれたあとにみちおくんが大暴れしてわめいている様子を、見たり聞いたりしたときです。「バカはこれだから困るんだよ」と、吐き捨てるように言います。

みちおくんが落ち着いているときは面白半分のからかいの言葉ですが、我を忘れてわめきちらしているみちおくんに対しては、花子さんは吐き捨てるような不快や嫌悪を示しています。

気づきの段階では、まずこのパターンを整理できるように練習を重ねます。聴き取ったことを、36、37ページの「ワークシート1 できごとを整理するシート」「ワークシート2 行動と結果の記録」は、子ども自身が記入するためのシートですが、このような形式でメモしながら整理していくと、面接をしながらパターンに気づくことができるようになります。

いじめや暴力などについては、面接者個人としては道徳的にそういう行動を許せないということもあるでしょう。しかし、もしここで「だからといってからかうのはよくない」という説教が始まると、相手は心を閉ざして面接が進まなくなってしまいます。

さらにこの段階では、どのような行動でも肯定的にニュートラルな気持ちで聴くことが大切です。それは、相手がどのような刺激（出来事）で行動を選んでいるのかについて把握することがまず大切だからです。

☞ 実際の面接で引き続き「知的理解」の段階に入る場合は、以上の刺激によってどのような考えや気持ちが生じるかを聴き、それによって行動が異なることに気づかせていきます。

## 4 花子さんの日常のストレスには、どのようなものがあるのか

### (1) 学習上のストレス

① 嫌いな授業

嫌いな授業があるということなので、苦手な科目があるのでしょう。傾聴では、どの教科がいつ頃から嫌いなのか、教科自体が嫌い

ワークシート1　できごとを整理するシート

# できごとを整理するシート

　　　月　　日（氏名　　　　　　　　）

どんなことがあったり、言われたりすると、あなたはどんなことをしますか？

例　できごと　　　　　　　　　　　行動（言ったこと　やったこと）

| からかわれた | ⇒ | からかった子をたたいた |

できごと　　　　　　　　　　　　　行動（言ったこと　やったこと）

## ワークシート2　行動と結果の記録（小学校高学年以上）

　これは、あなたが出会ったトラブルの引き金を理解し、自分の行動とその結果を整理するためのものです。　例のように、トラブルの場面を記録してみてください。

| 期間 | 年　　月　　日〜　　年　　月　　日 |
|---|---|
| 名前 | |

| 日　付 | 状況：引き金<br>場所、活動、<br>いっしょにいた人 | 自分がやったこと<br>何が起きたか | 産物<br>（行動後に何が起きたか<br>自分・相手・周囲） |
|---|---|---|---|
| ●月●日 | 廊下。掃除の時間。日直がうるさく「そうじしろ」と叫んでいた。自分の周り数名はおしゃべりをしていた。 | 無視していたらそばにきたので、足をひっかけて転ばせた。 | 相手は、転んで机の角で鼻をぶつけて鼻血。自分は、担任に呼ばれて個別指導。 |
| 月　日 | | | |
| 月　日 | | | |
| 月　日 | | | |
| 月　日 | | | |
| 月　日 | | | |
| 月　日 | | | |

なのか、教員の教え方のせいなのかなど、丁寧に聴いていきます。

② 学習への意欲の背景

学習への意欲が低いようです。その背景も探ります。もともと学習が嫌いなのでしょうか。それとも、知的な活動をする前の段階でのストレスが多いのでしょうか。

ふだんの生活上の行動が悪いので、学習で頑張っても認めてもらえないことが影響していると想定されます。このあたりを傾聴できたかを振り返ってください。

### (2) 家庭でのストレス

① 両親が言い争いをしていること

日常的に両親のケンカがあり、激しい言い争いを聞かされることが、花子さんの気持ちにどういう影響を与えているかを聴くことができたでしょうか。また、激しい口論をしたあとでケロッとして一緒にお茶を飲んでいる両親の姿は、花子さんの人間関係にどんな影響を与えているでしょうか。

もし、花子さんが「私には関係ない」と言って考えようとしない場合は、花子さんにとってはその話題に触れること自体がストレスなのだということを理解してください。

日常的な暴力や争いは、子どもに乖離（体験している自分と気持ちを切り離してしまうこと）や慢性的なPTSDを引き起こしやすくなります。

② 母親が兄を頼りにしていること

父親とはケンカが絶えないのに、おとなしい兄には頼っている母親に対して、同じ女性として花子さんはどんな気持ちを持っているでしょうか。

中学3年生になれば女性としての意識も目覚めているはずですから、こびる女性への嫌悪感があるかもしれません。これが花子さんの友達関係にどういう影響を与えているかを、本人に気づかせることができたでしょうか。

### (3) 友達関係ストレス

① 男子生徒に対して

花子さんは、みちおくんが男子にからかわれたあとに、こらえきれずに言い返したり暴れたりするときに最も嫌悪します。この刺激は、花子さんに何を思い出させているのでしょうか。また、「バカはこれだから困る」という言葉で、みちおくんにどんな行動を期待しているのでしょうか。

② 女子生徒に対して

花子さんは、1つのグループで深い人間関係を築くことに抵抗があります。なぜでしょうか。

いろいろなグループを渡り歩くメリットは何でしょうか。

人間関係を築く力（ソーシャルスキルの不足）が低いのでしょうか。それとも、心理的に深い人間関係になることをこわがっているのでしょうか。

### (4) 進路上のストレス

花子さんは、大学進学を希望していません。なんとなく好きなことをして、あちこちを渡り歩いていればいいという感覚です。人間関係と同じく、花子さんにとって、資格を取ることや何かに打ち込むといったことが、避けたいことになるのはどうしてでしょうか。

花子さんの人間関係や社会へのかかわりを

表面的なものにさせている背景に、何があるのでしょうか。

また、そういう花子さんにとって、「くそまじめ」に見えるみちおくんがなぜストレスになっているのかを、次の知的理解の段階では聴き取ってください。

## 5 花子さんがみちおくんをいじめることで得ているものは何か

気づきの段階では、刺激、行動とその行動の結果得ているものを理解するところまでを、面接の課題としていきます。

花子さんは、みちおくんが泣いたりくってかかってきたりするのを見るとすっきりするのでしょうか。それとも、よけいに不快になっているのでしょうか。あるいは、他の友達からどういう反応がくるのか、先生からどういう目で見られていると思うのか、などを聴いていってください。

そのパターンによって花子さんが得ていることが、花子さん自身にわかってくるようになります。

# 第2節

# 知的理解（第2課程）
## ――明確化と直面化

　知的理解の段階には2つの要素があります。1つは、キレやすい人の思考のパターンを本人になんとか理解させる方法、つまり、心理教育的に教えることです。もう1つは、自分自身の考え方がそのどれに当たっているのかに本人が気づくことができるように、明確化していく作業です。

　この課程では、「暴力的な行動を決断するときの考え方」をクローズアップします。また、「このままだとどうなるのかについて予測する」という作業を行います。その行動のメリットやデメリットなど、自分の無意識の考え方や感情を意識上に浮上させ、自分が見たくないもの、考えたくなかったことなどとの直面化を行います。

　直面化が始まると、本人の抵抗が生じます。無視、話題を変える、否定などさまざまな抵抗が起こっても、面接者は平静を保ち、動じずに受け止めていくことが大切です。このときの面接者の対応は要注意です。対応の仕方を間違えると、本人をアンガーに陥れてしまいかねない難しい場面です。

　本人が、じたばたしても仕方がない、向き合わなければならないと理解し始めると、抵抗は減り、感情や考えについて自分自身が語りやすくなってきます。

　この段階では、面接者は、相手が状況を冷静に受け止めて作業を黙々と進めていけるように、並走しているマラソンのコーチのようなイメージを持ってください。

## 1　気づきを促進するための面接技法

### （1）明確化

　以下の3点の明確化を行うことは、引き金となる出来事と行動の間にどんな考え方があるかを理解するときに必要になります。

① 何をしたのかという事実の明確化
② どんな気持ちを伝えたかったのかという気持ちの明確化
③ 行動を引き起こした考えの明確化

　事実は傾聴することで理解できますが、本当の気持ちを、むしろ本人がわかっていないことが多いので、気持ちに寄り添いながら一緒に欲求を理解していきます。共感したり感情にネーミングしたりすることが、ポイントの1つになります。

　また、キレやすさにつながる思考パターンも、本人からはストレートに表現されない場合が少なくありません。本人が話す言葉や、ものごとのとらえ方などから、面接者がキレやすさに結びつく考え方を拾い出してまとめ

たり、リフレーミングしながら思考パターンを整理したりしていくことが必要です。

### (2) 相手の話をまとめる

相手の話をまとめて明確にしていくためには、
① 話の要点をまとめる方法
② ポイントを整理する方法
③ アトランダムに語られた事実や感情の関係性を伝える方法

などがあります。次のような確認をしながら、理解できたことを例えば次のように明確化していきます（「　」のあとの番号は、上記①②③の各方法の例を示していることを表します）。

「それは、こういうことですか」①

「あなたが伝えたいのは、こういうことでしょうか」①②

「あなたが彼に怒っていることは2点あるように思いますが、これとこれですか」②

「どうも矛盾しているように思うのですが、今の話はこういうことと、こういうことですよね」③

ただし、その際には、本人の気づきを辛抱強く待つことが大切です。待ってもらえないと、本人は見捨てられ、自己否定されたという思いを持ってしまいかねません。

### (3) 言い換え・リフレーミング

リフレーミングは、相手の言葉を、考えや気持ちに関連づけていくときに使います。

アンガーの状態のときには、「ムカつく」「関係ないだろ」という言葉がよく出ます。そのまま受け取ると話が続かなくなるので、「何にムカついているのか、いつひどくなるのか」などを傾聴しながら、「ムカつく」という状態をより明確にしていきます。

以下は、学校で暴力をふるう男子中学生が、ドメスティックバイオレンス（DV）の養父について「死ねばいい」と言っている場面での、リフレーミングを使った明確化の面接の例です。

（「生」は生徒、「面」は面接者）

生　あんなやつ、死ねばいい。

面　なんだか投げやりな言い方だね。（感情の明確化）もう、うんざりなの？

生　そうだよ、地獄に落ちてあいつもいたぶられりゃいいんだ。

面　そっか。あなたはそれほどいやな思いをしたんだね。

生　あいつさえいなけりゃ、おふくろだってもっと家のことできるし。

＊ここは、2つの方向に進められる場面。1つは、考え方をリフレーミングして他罰思考を明確化する方向、もう1つは、「いなけりゃいい」の内容を掘り下げて、「どうなりたいのか」を明確化する方法である。この段階では、前者の方法ではまだ出口が見つかっていないので、抵抗が大きくなる可能性があるため、後者で進める。

面　いなくなればいいの？　それとも、暴力がなくなればいいの？

＊生徒が言った「いなけりゃ」の意味を明確にする。

生　とっつかまって、二度と帰ってこなけりゃいいんだ。

第2章　アンガーマネジメントの面接技法

面　そうしたら、お母さんと2人だけの生活に戻れるから？
生　そうだよ！　おふくろはすぐに変な男にとっつかまるんだよ。
面　どうしてだろうね。
生　男がいい顔して言い寄るからだ。
＊他罰思考がある。
面　言い寄られたら、女の人ってみんなひっかかっちゃうの？
生　おふくろが悪いってのかよ。
面　いいとか悪いとかの問題じゃないと思うよ。お母さん、1人じゃさびしいのかな？
＊行動の背景にある気持ちに焦点を当てる。
生　……。（しばらく沈黙）
生　くっそ～。なんでオレじゃだめなんだよ。

　ここでようやく自分と母親の関係との直面化に入れるようになりました。

### (4) 直面化

　直面化は、考えや気持ちが明確にされ始めたときに行います。本人がうすうすわかってはいるけれども認めたくないことを受け入れる支援をします。
　この事例では、学校での暴力の要因になっている養父や母親との関係に焦点を当てます。問題の核心に迫っていくのが直面化ですから、さまざまな抵抗が生じますが、面接者はどんな抵抗にあっても本人に問題を返して、自分自身と闘わせていきます。
　前掲の面接の続きを見てみましょう。

面　そうだね。今まで2回、再婚したんだよね。あなたはそのたびにお父さんに虐待されてきた。
生　オレがじゃまだからだろ。オレが出て行けばおふくろを独り占めできるもんな。
面　そういうとき、お母さんどうしてたの？　止めてくれた？
生　いや。最初は間に入ってくれてたけど、そうするとおふくろが殴られるんだよ。だから、途中からは別の部屋に行ってる。
面　あなたは、そんなお母さんを見てどう思う？
生　仕方ないじゃん。悪いのはあいつなんだし。
面　お母さんは、悪くないの？
生　え？
面　お母さん、逃げてるじゃない。
生　だからかばうと暴力ふるわれるから…。
面　それで、いいの？
生　え？
面　お母さんに、ほんとは守ってほしいんじゃないの？
生　……。
＊本音をつかれると、一瞬沈黙する。
面　一緒にお父さんに立ち向かってほしいんじゃないの？
生　うるせーな。
＊一気に不機嫌になる（抵抗、追い出しを示す）。
面　この話題には、触れられたくない？
＊自分がしていることへの直面化。
生　あいつが悪いんだよ。あいつを追い出せば、それでいいんだよ。
＊話題をすり替えようという、抵抗。
面　そうだね。じゃあどうしたら、そのためにお母さんと協力できる？
＊相手が話題を変えたいという気持ちは受け止

めつつも、その話題を使って、本人が直面すべき課題を突きつけていく。

生　だから、おふくろには無理だって言ってんだろ。
面　お母さんがあなたを助けてくれないことは、わかってるんだ。
生　うるせ～。（手がわなわな震えてくる）
面　いいの？　ほんとに。このままだと、お母さん、今のお父さんから逃げても、また違う人に魅かれちゃうよ。ほんとは、お母さんにもっとしっかり独り立ちしてほしいんじゃないの？

## 2　自分の考えのゆがみに気づく

アンガーマネージメントでは、引き金となる出来事や言葉に対してどのような考えが浮かぶかを知ることが大切になります。考え方のゆがみがあると、出来事を客観的にとらえることができにくいので、かっとなったり、被害的な気持ちになったり、投げやりになったりしがちだからです。

認知のゆがみに気づかせていくための面接は、次のように段階を追って進めます。

**ステップ1**　1つの出来事を一連の流れになるように傾聴する
**ステップ2**　出来事に対してどのような考えや言葉が浮かんだかを具体的に整理する
**ステップ3**　認知パターンに当てはめてみる（右ページの「資料2-1　キレやすい認知や考え方の種類」参照）
**ステップ4**　認知が変えられる方向性をさぐる

**ステップ5**　認知を変える面接をする（変えやすいところから1つずつ広げてみる）

前述の例では、まず生徒が養父から暴力を受けている場面を振り返りました。そのとき母親に対してどのような考えがあったのか、養父に対してどんな考えがあったのかを整理しました。

そこで気づいたのは、この生徒は「母親は被害者だから自分を助けられないのだ」と思い込むことで、「母の気持ちが自分から離れていることを考えることを避けている」ということです。この部分に直面させて母親の本当の姿を認めさせるには、相当の抵抗が考えられます。

また、母親への怒りが一気に爆発して母親への暴力が出る可能性もあります。そこで、母親との面接も並行して行い、本人の変化や怒りが母親に向かってきた場合の対応の方法について伝えておきました。

本人の考え方を整理していくと、学校の先生や友達に対する「他罰思考」、養父との関係における「被害思考」、男性に対する「過度の一般化」がありました。

認知を変えるときは、「短い芝から刈れ」が鉄則です。ウオーミングアップ的に視野を広げられるところから広げていき、地盤を固めてから一気に核心に入ります。事例の中学生の場合は、男性に対する過度の一般化を変えていくために、彼が信頼できる関係になれそうな学校の男性教員との接触を増やしていくことで、現実には彼を非難したり暴力的に支配したりしようとする男性ばかりではない、ということの体験から始めました。

**資料2-1　キレやすい認知や考え方の種類**

**1　Black or White**

良いか悪いか（判断基準は、自分の価値観）の結果で判断する考え方です。

例：学校は、朝から行くか、休むか／ぼくの言うことを聞くからあの人はいい人、注意するからあの人は悪い人／一緒にいじめをするなら味方、しないなら敵

**2　完璧主義**

自分の思っている完成像に完全に一致させようとする。予定通りの行動や、結果を求め、結果が予定と違うと不安・不機嫌になる。

例：一点も汚れも許されない／1つでも間違えたらおしまいだ／今まで皆勤だったのに、1日遅刻したからもう努力したって無駄だ／せっかくの計画が台無しにされた。もう、何もしない

**3　「〜ねばならぬ」「〜べき」思考（自己中心的）「〜べき」思考**

自分に対しても人に対しても一方的な理想を押し付ける考え方。以下の2つのパターンがある。

①他者への期待が高いのに、相手には具体的に伝えていないで暴言・暴力になる場合

例：「私がイライラしているのは、顔を見ればわかるだろう（顔を見たらわかるべき）」／妻は、夫が家に帰るときには、食事のしたくをして待っているべき

②支配・規範意識が高い「〜ねばならぬ」思考
自分自身への期待が高く、できない自分を追い詰めてイライラするケース

例：生徒は教師の言うことは聞くべきだ／教師はこうあるべき

**4　過度な一般化**

1つの出来事を証拠として、みな同じ結果になると一般化する考え方。ものごとを分けて考えることが苦手な人が陥りやすい。

例：1人にばかにされただけなのに「みんながオレをばかにしている」／1回仕事を断られただけなのに、「オレはいつもついてない」「誰も雇ってくれない」／本に書いてあることをすべての人に当てはめようとする

**5　過大・過小評価**

出来事を必要以上に大げさに、あるいはささいなことと受け取る考え方。自分を不必要に追い詰めたり、甘やかしたりすることになりやすい。

例：過大（ちょっとしたミスに対して注意されたら）「どうしよう。とんでもないことしてしまった。ひどく叱られるに違いない」

過小（相手がケガをしてうずくまっているのに）「別に血も出てないから、たいしたことない」

**6　ひねくれ・被害的な考え方**

冷静に事実を見ることが苦手で、周囲からのかかわりを悪意があるものと考え、被害感をつのらせる。

例：「あいつはわざとやったんだ」「私ばかり注意して、先生は私を嫌っているんだ」（相手が失敗したことや、無視したことに、相手なりの事情があると考えない。）

**7　なすりつけ**

相手や周囲を責めることで、自分の責任を逃れる考え方。

例：「あいつがにらんだのだから、あいつは殴られて当然だ」「あいつが騒いだから、警察に捕まった」

**8　とらわれ・のっとられ**

同じことを何回も何回も繰り返し考えるなど、1つの考えにとらわれやすい。

例：失敗するのではないかと不安になって、繰り返しその場面を思い描いてしまう。／誰かから言われた言葉を、頭の中で何度も繰り返してしまう

次は、友達に対する他罰思考、最後に被害的思考です。自分をわかってくれるのは母親だけだと思い込むことで他者との関係を断ち切っていたことに気づき、実際に彼を理解する男性教員とかかわるようになった段階で、母親が今までしてきたことについて直面できるようになりました。

この段階では、それまでのように母親は男性に振り回される被害者ではなく、母親自身が依存的に男性を求め続けていたこと、また、自分は母親にとっては頼りになる存在ではなかったことが明らかになっていきました。

この後の面接で、母親が離婚と再婚を繰り返し、そのたびに自分が養父からのけ者にされているように感じていたのは、実は、自分が両親の関係をじゃましていたということにも気づいたようです。

どんなに求めても母と自分だけの生活になることがかなわないということを受容できるようになると、自分は母親から自立しなければいけないということに直面し始めます。

やがて、自分が養父を信頼して、母と父、母と自分、父と自分という1対1の関係になれば、変わるかもしれないということが理解できるようになりました。

## 3 明確化の面接演習

### (1) 明確化とは

「明確化」とは、表面上で語られている言葉や動作（非言語の表現）などから、相手のストーリーを理解するために、言外の意味や言葉の裏にある伝えたいこと、わかってほしいことを、明確にすることです。

### (2) 明確化の種類

明確化には次の3つの段階があります。

① 事実の明確化…話されている内容を客観的にしていきます。
② 感情の明確化…本人が感じているであろう感情を言葉にしていきます。
　　感情の質（どんな気持ちか）
　　方向（誰に向かっての気持ちなのか）
　　量（どのくらいの気持ちがあるのか、いつからあるのか、など）
③ 解決すべき話題の明確化…その場のストーリーの中心点を明らかにし、この場で話し合いたいこと、わかってもらいたいことをはっきりさせます。

面接の初期では、事実を明確にしていきます。誰が行動の主体なのか、場所はどこなのか、何が問題なのかなどです。

次に、そのことが生じるきっかけとなった感情にネーミングしていきます。ここではまだ感情を掘り下げることはしません。「こういう気持ちだったんですね」と、もやもやしたアンガー状態を整理して感情に名前をつけ、方向と量をはっきりさせていきます。

### (3) 明確化の技法

明確化していくときには、相手の話をニュートラルに聴いていくことが大切です。自分に先入観があると、相手の立場に立った事実確認や、相手のあるがままの気持ちを理解しにくくなるためです。

① 共感
　　気持ちを言語化するときに使います。
　　「こういう気持ちですか」「私には、こんなふうに感じられます」など

②話題を特定する質問
　「それは、○○の話のことですか」「今、話したいのは、どのことについてでしょうか」など
③話題を深める質問（４Ｗ１Ｈのほかに）
　「例えば？」「そのことについて、もう少し話してくれますか」というように、内容を広げる質問。

(4) 事例を通した理解
　掃除をサボるクラスメートについて話しているときに、ある生徒が「班を替えてほしい」と言った場面を例に、明確化の技法を見てみましょう。

（「生」は生徒、「面」は面接者）
生　もう、やだ。あの班、替えてほしい。
面　すごくイライラしてるみたいだね。
＊怒りなのか苛立ちなのか、感情を明確にする。
生　だって、ひどくない？　ありえないでしょ。あいつら誰も掃除しないから、私が１人でやってたのにさ。
面　なんて言われたの？
＊何がありえないのか、出来事を明確にしていく。
生　「そんなに掃除が好きなら、明日もやってね～」だって。なんなのあれ？　人がやってても、自分は関係ないわけ？　まじめにやってるほうがばかみたいじゃん。だからってこっちもサボったら、怒られるしさ。
面　そうだね。彼らは、あなたが１人でやってるのを見て、何も感じないのかしらね（＊相手への考えの明確化）。せっかく、あなたがほかの人の分も掃除していたのにね（＊何をしていたかの明確化）。せめて、ありがとうぐらい言ってほしかった？
生　お礼じゃなくって、ちゃんとやることやってほしいよ。
＊相手への欲求が出てきた。
面　そっか。班を替わりたいんじゃなくって、ほんとは彼らがちゃんとやってくれるようになってほしいんだ。
生　でも、無理だよ。授業中だって、先生が注意してもしゃべるのやめないもん。
面　先生が言っても聞かない人たちに、自分が言っても無理なような気がするの？
生　誰が言ったって聞く気ないよ、あの人たちは。
＊過度な一般化が始まる。
面　なるほどね。ひょっとして、彼らが掃除しないことよりも、自分が言っても聞いてもらえないことにイライラしてる？
＊気持ちの対象を明確にしてみる。
生　う～ん。だって、言ったってどうせやらないのに、やるようにさせない私が悪いみたいに先生は言うしさ。あの人たちは先生の前では、「はーい」なんて言ってるから、先生もそれ以上指導しないんだもん。先生は、掃除中だって見ていないし。「ちゃんと自分たちで話し合って反省しろ」だって。
面　そういうことだったんだ。掃除をサボってる子より、助けてくれない先生に憤りを感じていたんだね。そして、それを先生に言えない自分にもイライラしている？
＊対象と気持ちを分けて明確にしてみる。
生　うん。あの子たちが掃除やらないのはずっとだしさ、１人で掃除やるのはそりゃ

大変だけど、そんなにイライラはしない。それよか、あの子たちとかかわらないといけないのが一番いやだ。
面　そうだよね。せっかく掃除しているのに、認めてもらうどころか彼らがサボってることの責任までとらないといけないんだもんね。だから班を替えてほしいんだね。
生　うん。ちゃんとやる人とやりたい。
面　せっかくやるなら、気持ちよくやりたいもんね。
生　うん。
面　じゃあ、その気持ちを先生に伝えてみる？
生　うーん。どうせ、「甘ったれるな」って言われるだけだと思う。
面　気持ちよく掃除したいんだよね。
＊欲求の明確化。
生　それはね。でも、無理だよ。
面　先生にもわかってほしいんじゃないの？
生　わかってくれる人ならね、あの人は無理。
面　じゃあ、ずっとがまんするの？
生　仕方ないじゃん。文句言って、あの子たちにまた言われるのもいやだし、先生に言って、また責任とらされるのもいやだし。
面　そういうことに比べたら、掃除中に「掃除好きなら、明日もやってね～」って言われるほうがまだましかな？
＊一番解決したいことが何かを明確にしていく。
生　そうかな……あんまし、いいとも言えないけどね。面倒なのよりは、いい。
面　じゃあさ、言われたときに、気にしないでやり過ごせる方法を考える？
生　そうだね。今のところはそれがいいかも。
＊自分にできることが明確になった。

　この面接では、生徒の気持ちに寄り添いながら、「何をしたいのか」、と「何ができそうか」を明確にしていきました。口に出した欲求は「班を替えてほしい」ということですが、それを先生にではなくて、カウンセラーに言っていることにまず注目することが大切です。先生に言って替えてもらえるなら、カウンセラーに相談には来ないからです。
　アンガーマネージメントの刺激（出来事）と反応（行動）を整理するなら、「班のメンバーが掃除をしてくれない」という刺激に対して、「班を替えてほしい」とカウンセラーに訴える、ということになります。
　カウンセラーは班を替える権利はありませんから、これは、直接的な要求ではありません。こう訴えることでわかってほしいことがあるのです。
　明確化の面接では、生徒が何をわかってもらいたいかを明確にしていくことが大切になります。自分の気持ちが明確になったら、それが実現できる具体的な方法を一緒に考えていくことになります。

### (5) 明確化の面接演習

　それでは、次ページの「ワーク2　明確化の面接演習」を使って、明確化の面接演習をしてみましょう。
　32頁の「ワーク1」と同じく、4人1組になり、役割を交代しながら4人全員がすべての役割を経験できるように行ってください。

## ワーク❷　明確化の面接演習

明確化の面接演習をしてみましょう。次の手順で進めてください。

4人1組になって行います。面接者役と生徒役を1名ずつ決めます。それぞれを担当するオブザーバー（生徒役担当、面接者役担当）を1名ずつ決めます。

生徒役と面接者役はそれぞれの役割になりきって面接演習をし、生徒役のオブザーバーは生徒役のセリフを、面接者役のオブザーバーは面接者のセリフを書き取ってください。

面接演習は5分、振り返りは10分、やりなおしが5分です。

### 振り返りのポイント
1　生徒役の、刺激、行動、考えを起こしているストーリーを明確化します。
2　明確化するために、面接者役がどのような質問や対話をすればよいかを考えます

### ワーク2の面接演習用資料　Dくん（中学2年生）の事例

**いじられキャラのDくん**

　Dくんは、ぽっちゃりした体型で、動きもおっとりしている。まじめな性格で道徳性も高く、たいていのことは「いいよ」と受け入れるので、クラスではいじられキャラだが、内面では、ストレスがたまっている。

　クラスの生徒は、「いじめ」という意識はまったくなく、遊びやストレス発散にDくんを使っている。Dくんの前の席のEくんは、椅子をガタガタさせてDくんの机にぶつけてきたり、Dくんが準備していた教科書をわざと机の中に戻しておいたり、授業中に関係のないおしゃべりをしてきたりする。

　あるとき、寝不足だったDくんが、昼休みのあとで机につっぷして寝ているところにEくんが背中からドンと乗ってきた。Dくんは、最初はそのままにさせていたが、Eくんが何度もジャンプしてくるため、「眠いから、ほっといてくれる」と、顔を上げて伝えたところ、「やだ」とEくんに突っぱねられた。そこで、Dくんが、続けてのしかかってこようとするEくんの腕をつかんでドンと後ろに押したところ、Eくんが怒ってDくんの机を蹴り、ほかのクラスメートのところに行って、「Dのやつ、キレてやんの。見てよ、すげーばか力」などと言いふらしている。周囲の女子も、冷ややかな目でDくんを見て何かつぶやいている。

　Dくんはそれ以来、みんなの目をひどく気にするようになった。そして、緊張のためにちょっとした場面でも言葉が出なくなってしまい、つい手で押しのけたり、突然声が大きくなったりするので、Eくんの言い分をすっかり信じているクラスメートたちは、さらに引いてしまうようになった。

**面接場面の設定**

　教室にいるのが苦痛になってきたDくんが相談に来た。

## 4 「ワーク2 明確化の面接演習」の解説

演習は、うまく進みましたか。ここでは以下のようなことが明確になればいいでしょう。

### (1) Dくんにとっての刺激、行動のパターンの明確化

① 刺激が単独の場合は、Dくんは、がまん、抑圧します。

② 刺激が続き、がまんの限度を超えた場合は、行動で示します（さわってほしくないので、さわっている相手の腕をつかんで振り払う。離れてほしいので、体ごと壁まで押し付けるなど）。

③ 相手が直接かかわってこないときは、気になるけれどもDくんは自分からは行動を起こしません。積極的に問題解決をすることは、Dくんはしないようです（避けている）。

### (2) Dくんの気持ちと考え方の明確化

Dくん役をする人がどのようなキャラクターを演じるかにもよりますが、以下のようなパターンが考えられます。

●やられてもがまんしているとき

気持ち：仕方がない。あきらめ（抑うつ的な気持ち）。

考え方：

・どうせ言ってもあの子たちは変わらない、という「過度の一般化」
・なんで自分ばかりがやられるのか、という「被害感」
・ふざけるやつはバカだ、という「白黒思考」
・もう中学生なのだから、自分ががまんするべきだという、「〜ねばならぬ思考」
・なんで先生はこういうやつをほうっとくんだ、という「〜べき思考」　など

### (3) 明確化するために、面接者役はどのような質問や対話をすればよいか

まず、1つの場面について丁寧に聴いていきます。

**ステップ1**　Dくんがいる場所や状態を把握する

「Dくんはどこにいたの？」「何をしていたの？」

**ステップ2**　相手の生徒がいる場所や行動を把握する

「相手の子は、何人？」「まわりに誰かいたか覚えてる？」

「どんなふうにされたのかな？」

**ステップ3**　刺激を受けたときのDくんの反応を把握する

「そうされて、Dくんはどうしたの？」「どこをどんなふうに感じたのかな？」

「すぐにやり返したの？　それとも、しばらくがまんしてた……？」

「手をつかんだとき、どこ見てた？」

**ステップ4**　気持ちを把握する

「疲れてて寝ようとしてたんだよね。そんなときに、さわられてどんな気持ちになった？」

「体が熱くなったりした？　どんなふうだったか、覚えてたら教えてくれる？」

**ステップ5**　考えを把握する

「起き上がるとき、何か思い浮かんだ言葉があったかな」「どんなことを考えてた？」

「相手にどうしようとか、考えた？」「壁に押し付けていったら、相手はどうすると思ってた？」　など

**ステップ6　結果を整理する**

「相手を壁に押し付けていって、相手はどうした？」

「周囲の人は、どんな反応をしてた？」

「あなた自身はすっきりしたのかな。何か考えたり、感じたりしたことある？」　など

## 5　なぜ認知のゆがみが生じるのか

次に、なぜ認知のゆがみが生じるのかについて考えてみます。これが理解できると、認知のゆがみを修正しやすいためです。

認知がゆがむ要因としては、2つのことが考えられます。1つは、自分の本当の気持ちを外に出さないようにするための自己防衛です。自分が傷つかないですむようにものごとのとらえ方をねじ曲げているということが考えられます。もう1つは、スキルの学習不足です。

防衛手段として認知を曲げている場合は、隠そうとしている本当の気持ちを理解し、出しても安全だという確信がないと、考えを修正することは難しくなります。後者の場合は、より適切な考え方を教えていくことで修正しやすくなります。

### （1）自己防衛の手段

自己防衛について考える際には、フロイトの防衛機制（A.Fruid, 1936）を説明する必要があります。

人間には、無意識の欲求がありますが、道徳心が発達している大人の場合には、日常生活では自由奔放、欲求のままに活動することを抑制しているために、無意識の欲求をそのまま表現することはありません。また、現実検討能力やソーシャルスキルにすぐれている人の場合には、その欲求を社会で受け入れられる形にして表現する力があります。しかし、スキルが未熟だったり現実検討能力が不足したりしていると、ゆがんだ形で表現されることになります。

例えば、自分は勉強は嫌いなのに、父親から勉強することを強要されて怒りを抱えている子ども、さとるくんがいたとします。

さとるくんに十分なソーシャルスキルがあれば、父親を怒らせずに自分の気持ちを伝えることができるでしょう。しかし、スキルが未熟だと、単なる反抗ととられて聴く耳を持ってもらえなかったり、よけいに厳しくされるだけかもしれません。そこでさとるくんは父親に直接立ち向かうことはやめて自分の気持ちが外に出ないように押し込めます。これを抑圧と言います。「どうせ、ぼくのことなんか誰も気にしてくれないんだ」というさびしい考えが生じます。

これを打ち消してくれる友人や家族がいればこの認知は定着しませんが、その後いくつかの同様の経験があると、「誰もぼくのことは気にしてくれない」という一般化が始まります。もっといろいろな人に接していけば、違う答えが得られるかもしれませんが、さとるくんはこれ以上傷つくことを恐れるために、新たな行動を起こすことをあきらめます。被害感を持ちやすい傾向や過度な一般化などは、こうして生じていきます。

## 図2-1　心のバランスと防衛機制

**道徳・規制**

～すべし！ルールづくし
これが当たり前！
それはダメ！
大人なんだから！
女・男らしくしろ！

**主観的に** 一部だけを見てしまうとストレスがたまります

**客観的に** 全体（自分も人も）を見ることができるとストレスはたまりません

**ストレス**

心配・恐い さびしい
～したいなぁ
～はイヤ！～がむかつく

**欲求**

**自己実現欲求**
自分らしい特技や自信を持ちたい

**社会的な活動への欲求**

**承認欲求**
親・先生・友達に認められたい

**所属欲求**
友達になりたい、居場所がほしい

**安心欲求**
安心したい、守ってほしい

**生理的欲求**
食べる、排泄（トイレ）、睡眠（寝る）、苦痛回避（いやなことを避けたい）

わたしたちの心は、こんなことを感じたり考えたりしてがんばっています。
　欲求は、下から順番にかなえてあげないと心が悲鳴をあげますから、右の方法を使って、上手に実現してあげてください。

### 防衛機制の種類

**1. 抑圧**
出さないようにする「怒ってはいけない」

**2. さける**
あきらめる、逃げる、寝る、すぐ転職

**3. 代償**
物に当たる、過食、飲酒、喫煙、薬物

**4. なすりつける、刷り込み**
自分のいらいらを相手にいいつけて発散させる

**5. 同一化**
自分が欲しいものをもっている人と同じ格好や行動をする

**6. 忘却**
気持ちを抱えるのが苦しいので、関係ない、なかったことのように忘れようとする

**7. 合理化**
自分が傷つかないように「きっとこうに違いない」と理由をつける

**8. 分裂**
いやな部分を、切り離す。乖離が生じやすい

**9. 退行**
退行現象。自分がより安全だったときの年齢に戻ろうとする。爪かみ、依存など

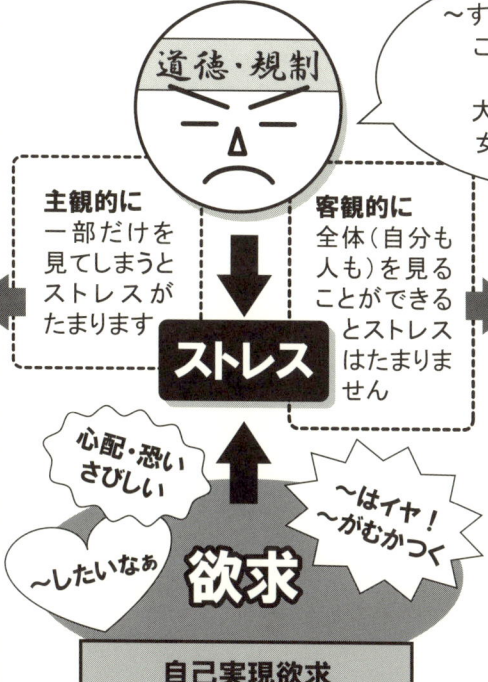

### アンガーの正しい表現方法

**①自分の気持ちや考えがわかっている**
・どんな気持ち？
・誰に？
・その程度あるの？

**②気持ちや考えを伝える方法を持っている**
・深呼吸やリラックスの方法を知っている
・イライラした気持ちを言葉にできる
・話を聞いてくれる人がいる
・気持ちを切り替えるスポーツや趣味がある

**③問題を解決する方法を知っている**
・相手がなぜそういうことをするかがわかる
・相手の気持ちがわかる
・具体的に対立を解消することができる

（交渉力・新しい解決策を生み出す発想力・相手に理解してもらう力）

第2章　アンガーマネージメントの面接技法

抑圧が限界に達すると、たまっている怒りをどこかに出すための方策を考えます。よく使われるのが代償行為です。父親に向かえない怒りは、きょうだいへの暴力や学校でのいじめとして表現される可能性があります。

　また、人に向けずに、自分自身を傷つける行動に出る場合もあるでしょう。

　きょうだいや友人をいじめれば、当然周囲から責められます。その不安や罪悪感を回避するために、「弟がうるさいからいけない」「あいつらがばかだから、注意をしているだけだ」というように、自分の行動の正当化や人のせいにする「なすりつけ」が始まるわけです。

　したがって、認知のゆがみを解きほぐしていくためには、さとるくんが持っている父親への怒りを理解すると同時に、父にはかなわないという劣等感や、「どうせ言ってもわかってもらえない」というあきらめやさびしさなどの気持ちを十分に理解することから始める必要があります。その上で、さとるくんがこれまで自分の弱さや劣等感、さびしさなどを隠さざるを得なかった状況を理解し、その状況を解決するための方策を一緒に考えていく必要があるのです。

　欲求をうまく出せる場合と誤った出し方をしてしまう場合の違いについて、前ページの図2-1「心のバランスと防衛機制」を見てください。

### (2) 他の考え方やスキルの学習不足

　認知がゆがむもう1つのパターンは、生育歴の中で特定の考え方のみを強化されてきた場合や、放任されることによってさまざまな考え方やスキルを学ぶ機会がなかった場合などが考えられます。前者の極端な例としては、暴力団やカルトなどの環境があります。その組織特有の考え方をしないと生きていけない場合です。

## 6 認知のゆがみを修正する方法

　では、具体的にゆがんだ認知をどのようにして修正していくのか、事例をもとに考えてみましょう。ゆがみの修正は、以下のように進めます。

### (1) どのような認知のゆがみがあるかを理解する

**ステップ1**　相手が話している言葉を正確に聴き取る

　どういう言葉遣いをしているか、主語は誰か、能動態か受動態か、などに注意します。

**ステップ2**　その言葉をリフレーミングする

　本人がどういう意味で使っているのか、定義づけてもらいます。

**ステップ3**　言葉の意味を具体的に説明してもらう

　背景、気持ち、などが理解できるようにします。

### (2) 認知のゆがみの背景を理解する

**ステップ1**　その考え方をすることによって守っているものを理解する（メリット）

**ステップ2**　その考え方をすることによって、本人が受けている不利益を理解する（デメリット）

## ワーク❸　認知のゆがみに気づく

　以下の事例のF子さんには、どのような認知のゆがみがあると思いますか。43ページの（資料2-1）「キレやすい認知や考え方の種類」を参照して考えてください。

---

**事例　授業中のルール違反**

　F子さんは、始業ベルが鳴っても席に着くまでに時間がかかります。また、先生が話していても、授業には関係のないおしゃべりをし続けています。隣の席のG子さんはF子さんのとりまきの1人なので、F子さんが話しかけると一緒におしゃべりを始めます。G子さんは1人のときにはおしゃべりをしません。

　F子さんの教科書とノートは机の上にありますが、開いているページは授業と合っていませんし、ノートをとる様子はありません。F子さんを注意しても、「かたいこと言わないの！」とおちゃらけてしまい、そこから「先生のネクタイ、彼女のプレゼント？」というような授業とは関係のない会話が始まりがちなので、先生のほうが注意するのを避けるようになっています。

　また、F子さんは授業態度が悪くても中程度の成績をとっているので、先生はF子さんを無視して授業を進めています。

　　1　F子さんにとっての刺激と行動パターンを整理してください。

　　2　F子さんの行動を決めている考え方を列記してください。

　　3　F子さんの感情の特徴（感じ方や表現）を整理してください。

---

## ワーク❹　視野を広げる面接

　ワーク3でF子さんの行動パターンが整理され、考え方が明確になったら、それを続けているメリットとデメリットを整理します。その上で、別の見方ができるように視野を広げる面接に進めてください。

　　1　この考え方を続けているメリットとデメリットを整理する面接をします。
　　2　視野を広げる面接をします。

### (3) 認知のゆがみを変容していく

**ステップ1** その考えを変えることによるメリットについて、丁寧に仮説を立てていく

**ステップ2** 少しずつ視野を広げてみる、異なる見方を提案してみる

それぞれへの反応を理解しながら、考えに固執する抵抗を理解します。

**ステップ3** 本当はどうありたかったのかについて、気持ちや欲求を理解する面接

## 7 「ワーク3 認知のゆがみに気づく」の解説

### (1) ワーク3の解説

① F子さんの刺激と行動のパターン

〈行動を引き起こしている刺激〉

・期待される行動が刺激になる場面
　授業中であるという構造（チャイムが鳴った／みんなが席に着いている／など）
・他の生徒の逸脱行動が刺激になる場面
　おしゃべりができる相手のG子さんがそばにいること／授業が退屈なこと／先生がそばに来る／先生に話しかけられる

〈行動〉

・好ましい行動
　着席する／教科書・ノートは出している／先生の話は聞いている
・逸脱行動
　隣の席のG子さんに話しかける／先生に話しかける／おちゃらける（話し言葉）／指示されても、板書を書き写さない／自分でノートに記述をしない（書字に関すること）

② F子さんの行動を決めている考え方

・「退屈な授業は遊んでもいい」「大事なところだけ聞けばいい」という自己中心思考
・「私が話しかけたら相手は答えるべきだ」という自己中心的な「～べき思考」
・「教員は、どうせ注意しない」という過小評価／「注意されたって、気にすることはない」という大人への過小評価

③ 感情の特徴

F子さんは、教師に注意されることを怖がりません。F子さんはすべてのことをおちゃらけて不安が軽くなるように緩和しています。

つまり、負の感情を感じたり出すことをいやがっていることになります。

### (2) ワーク4の解説

F子さんの認知を変容させていくには、自己中心性や、それに基づく相手への「～べき思考」を変えていく必要があります。また、規範意識の低さを改善するには、「教室は公的な空間である」という認識ができるように視点を変えることが大切です。

自己中心的な子どもにルールに従うように指導する場合、説教にならないように注意してください。

① 自己中心的な思考を他者の視点に広げる面接

〈自分からの行動と他者からの行動を整理してみる〉

周囲はF子さんからの働きかけに応えてはいるけれど、逆にF子さんへの働きかけは少ないということに気づかせます。その上で、なぜ相手からは働きかけがないのかを考えさせます。

相手からの働きかけがないことは、F子さ

## ワークシート3　刺激と行動のパターンの変容

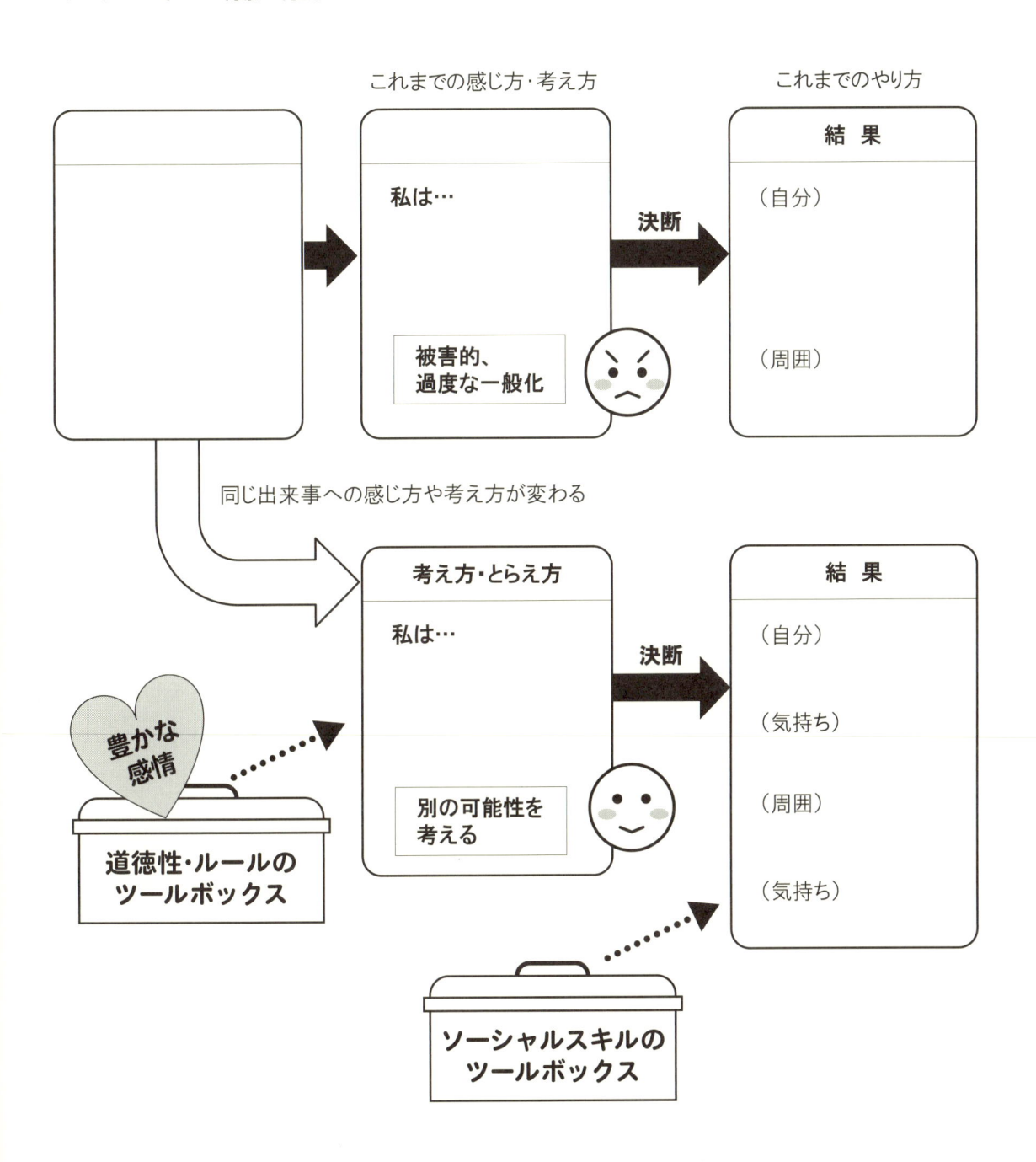

これまでの感じ方・考え方 → これまでのやり方

私は…

被害的、過度な一般化

**決断**

結　果
（自分）

（周囲）

同じ出来事への感じ方や考え方が変わる

**豊かな感情**

道徳性・ルールのツールボックス

考え方・とらえ方

私は…

別の可能性を考える

**決断**

結　果
（自分）

（気持ち）

（周囲）

（気持ち）

ソーシャルスキルのツールボックス

**資料2-2　キレにくい考え方への変換方法**

**1　視点を変える**

(1)　量を当てはめてみる

「あいつらは、いっつも掃除をさぼる」➡自分がしているのは80％、相手は20％。やっていないわけじゃない。➡全部やってほしいわけでもない。あと何％やってくれたら、少しは気持ちが楽になるだろうか。

(2)　他罰している人を、自分に帰属させる

「母親が自分のことをわかってくれない」➡わかってほしいのは自分自身だから、わかってくれない相手に腹が立つ。➡変えるのは、自分でもいいのだ。相手に変わってもらうために、自分ができることは何かを考えてみよう。

(3)　別の可能性を考えてみる

学校に行く以外の勉強方法／1人でレポートをやる以外の方法

一気に仕上げるけれども、すべてを一気ではなく、材料は集めておく／一気に仕上げるために、他の用事を断る方法

いじめをしているのは、幼いから（自分より強いからではなく、精神的に育っていないからかもしれない）

自分だけがからかわれるのは、自分が何か引き金になっているのかもしれない

スポーツマンだって、スランプになる人はいるかもしれない

競争するだけじゃないスポーツだってあるはずだ

(4)　相手の立場や事情を考えてみる

助けてくれないのは、何か他の人にも事情があるのかもしれない

いじめて、何が起こるんだろう

成績が悪いと部活をさせてはいけないのは、そのままで学校を退学になってしまったら、部活がずっとできなくなることを心配しているのかもしれない

**2　視野を広げてみる**

(1)　トンネル思考の壁の外側を想像してみる

「だれも自分を助けてくれない」➡助けてくれないのは、一部の人だけで、同僚や家では親が話を聴いてくれている。➡（他罰の視点とあわせて）助けてほしいと思っているのは自分でも、一度も助けてと言わなかったから、「助けてほしい」ということが相手にわからなかったかもしれない。➡わかってもらうにはどういう方法があるだろう？　など

(2)　とらわれ思考は、とらわれ思考で解決してみる

「あえて別のことを考える」というとらわれをつくる

「一日に○回は必ず考える」と決める、など

＊これをしなかったら罰則になるようにすると、（行動療法）になります。

(3)　思い切って、極論を考えてみる

とことんその考え方をつきつめたらどうなるか、実践する場面をシミュレーションしてみる。

例1：「あいつはまた今日もいやがらせをしてくるにちがいない」
　　➡「そうか、どうせやりたいなら、思いっきり毎日やらせてやったらどうなるだろうか？　ひょっとしたら飽きるかもしれないな」など

例2：「もうやめたい。どうせ自分なんか、必要とされてないんだ」
　　➡「じゃあ、思い切って職を変えてみるか。もし違う職につくとしたら、何をしたいだろうか？」

んが本当に望んでいることなのかを自問させます。

② 過小評価を客観的なとらえ方に変える面接
〈数量を当てはめてみる〉

先生から注意されると、どんな感情がわいてくるか（不安、嫌悪、めんどくさい、など）、それを、1から最高10までの数値で示すとどの数値になるかを尋ねてみます。

このやり方をしていて、離れていった友達がどのくらいいるのか、先生の態度がどう変わったか（おしゃべりに反応してくれる回数が増えたのか、減ったのか。授業中のF子さんに対する態度がやさしくなったのか、厳しくなったのか。無視されるようになったのか、全員の前で怒られるようになったのか）などを考えさせます。

〈比較してみる〉
・F子さんにとって、乗りやすい授業と不安になる授業は、何が違うのか？
・授業中に先生に注意されるのと、無視されるのは、どう違うのか？
・授業中に黙っていると、体や気持ちがどうなるのか？　など

これらを比較してみると、F子さんがこの行動をとり続けるメリットが浮かび上がってきます。

〈「もしこの関係や行動を続けていたらどうなるか？」を予測させてみる〉

現在のF子さんの場合、「このクラスの友達とはどうせ1年でクラスが分かれるのだから、どうってことない」「相手もそのくらいならつきあってくれる」「大人にも期待してないからいい」と、短期の関係でいいというあきらめを話してくる可能性があります。

この考えが出てきたら、「本当にそれがあなたが求めていることなのか」という直面化面接に進みます。

〈判断の根拠を聞いてみる〉
・「先生は注意してこない」と決めつけている根拠
・「注意されてもどうってことない」と思う根拠
・「友達に話しかけてもいい」と思う根拠

ここからも、(1)の②と同様の答えが出てくる可能性があります。いずれにしろ、F子さんが不安になることを避け、人との信頼関係を築くことを避けている言動が表れたときに、直面化面接に入ります。

## 8 この考え方をするメリットとデメリットを整理する

自己中心的になり、注意されることを過小評価することでF子さんが得ていることは、次のようになります。

**メリット**

〈行動〉
・しゃべりたいときにしゃべれる。ストレスをためなくていい
・授業も大事なところは聞いているからテストではそこそこ点数を取れる

〈道徳性〉
・誰も注意しないので、自分の責任を感じなくていい
・人への迷惑も考える必要がない

〈感情〉
・楽しい、気楽
・注意されたり、人との関係性が壊れたりすることの不安を感じなくてすむ

・まわりが自分にかかわってこないので、面倒がない
**デメリット**
・先生が話しかけてくれない
・授業で当てられない
・その結果、もっと暇になっている
・F子さんが話しかける友達は応えるが、相手からは話しかけないし、遊びにも誘ってもらえない

　今のところ、F子さんにとっては、メリットのほうが大きく、デメリットは少ないようです。逆に、考え方を変えて他者を意識し始めた場合は、不安になって自分の好きなことができなくなるので、F子さんにとっては考え方を変えることのほうがデメリットが大きくなることになります。

# 第3節

# 受容の段階（第3課程）

　第3課程は、変容のための山場になります。アンガーに陥り、衝動的行動をとり続けていた自分の過去、現在をありのままに受け止めて再統合していく大切なステップだからです。

　この段階で大切なのは、「本来の自分らしさ」に気づくことです。環境の中でつくられてきた自分だけではなく、生まれながらに持っている素質にも気づかせます。適切な環境であれば発揮できた可能性がある素質や思いが、抑圧されていたために歪曲されて表現されてきた結果、からみついてしまった糸をほぐすような感覚です。

　したがって、この段階では「自分らしさ」に注目し、自己一致を目指していきます。

## 1　自己受容とは？

### (1)　「自分らしさ」とは？

　自分の考え方、感じ方や行動を決定する要素です。身体的、心理的、認知的な要因があります。背が高い、低い、体格がいい、細い、顔つきなどの外見や骨格などの特徴や、スポーツが得意、動きが速い遅いなど、身体・運動能力の特徴もあります。

　よく笑う、泣く、怒りっぽい、などの感情面の特徴や、責任感が強い、人情に厚いなど、道徳性など心理的な特徴もあります。幅広い視野、1つのことを細かく見る視点、予測力や分析力などの論理性、認知的な特徴もあります。このような特徴が総合的に「自分らしさ」をつくりあげています。

　また、他者から「あなたらしいね」「あなたらしくない」と言われるような「見せている自分」と、人には「見せていない自分」があります。

### (2)　自己受容と自己コントロール

　自分の好きなところも嫌いなところも含めて、「自分のすべての素材を受け入れること」が自己受容です。

　ここで大切なのは、素材はありのままに受け入れるが、素材をどう生かすかはこれからの「自分」であるというコントロール感を持たせることです。

　自己受容の面接は、この状態に向かって進めます。

## 2　自己受容面接の技術

　自己受容面接に入るためには、第2課程の知的理解において、自分の行動パターンや考え方の理解ができていること、そしてなぜそ

ういう考え方や行動をし続けているのかについて、①自分自身の素因（性格、発達障害、精神的病理など）、②環境要因（家庭、学校、職場などでの体験）が整理できていることが必須条件です。

これらの材料を使い、以下のステップで面接を進めます。

**ステップ1　語られる内容のアンビバレンツ（両価性）に注目する**

・こんな自分は嫌いだ vs これがなくなったら自分じゃない
・「両方があって混乱してるみたいですね」

（以下、★は傾聴・共感的理解、
　　　☆は無条件の受容）

**ステップ2　面接者自身がアンビバレンツな相手を受け止めたいと思っていることを伝える**

☆受容的面接をしていると、葛藤している相手をいつくしみの心で見守る瞬間が現れます。これは、同じ気持ちが相手の中にも生じてきているときに生まれてきます。
★相手が悩んでいるときには、せかさないように気をつけます。せかすと、説教になりがちです。

**ステップ3　本人の悩みに寄り添うように本人の心に語りかけていく**

・「本当にそれでいいの？　そうじゃないっていう叫びが私には聞こえるよ」
・「どうでもいいって言いながらも、あなたは今、悩んでいるよね」　など
☆本人の弱っている自我の代わりに、欲求と道徳性の双方に働きかけます。

**ステップ4　感情の嵐：何が出てきても受け止める覚悟をする**

生育歴、過去の体験、恨み、悲しさ、秘めた情熱など、閉ざしていたふたが開くときには、一気にさまざまな事柄が飛び出します。吐き出しながら、本当にそんな自分を受け止めてくれるか、相手は最後の賭けに出ます。
☆たじろがないことが大切です。
☆掘り下げず、「そうだったんだ」「そんなこともあったんだね」とありのままに受け止めます。
☆感情が高ぶって、自傷や暴力的になってきた場合は、ひとこと声をかけて見守ってください。「もう自分を傷つける必要はないんだよ」「あなたは愛されていい存在なんだよ」「幸せになっていいんだよ」と。

**ステップ5　統合への支援：中にあるものは同じでも、どう表現するかは新しい自分が決められるというコントロール感を持たせる**

☆絶対に後ろに下がらせない信念を持つことが大切です。
☆相手が変われることを心から信じ、それを伝えるようにしましょう。

## 3　受容面接で生じる直面化とは？

直面化とは、自分が「わかってはいるけれども、認めたくない、したくない」ことを目の前に出す作業のことです。これに本人が気づき、認めて、はじめて新しい行動を獲得することができるのです。

次は、ここで抵抗が生じたときの対応技法です。

## ワーク5　受容の面接演習

**ステップ1　事前情報の提供**　（10分）
この演習は、グループで行います。以下の情報をグループのメンバーに伝えてください。

1　学年、年齢
2　出来事　いじめ、不登校、暴力、恐喝、うつなど
　　行動のパターン　刺激、反応の整理ができるように、キレた場面でのエピソードを伝えてください。①場所、②誰と一緒にいたのか、③引き金になった可能性のある言葉や刺激、そのときに本人がとった行動や話した言葉、その行動に対する周囲の人の反応、最終的にどういう対応を本人が受けたかについて、一連の流れを話します。
3　家族その他、事例に関連しそうな情報
　　・わかる範囲での家族構成。
　　・事例対象者は家族に対しても同じような行動をとっているのか。
　　・家では暴力行動はないのか。など

**ステップ2　気づきの面接**　（5分）
現在問題となっている行動パターン「刺激と反応」を整理します。
面接で話されたことを、グループで、「刺激と反応」「結果」に整理します。（5分）

**ステップ3　知的理解の面接**　（5分）
行動パターンの背景にある考え方、このままだとどうなるかを整理します。
面接で話されたことを、グループで整理します。（5分）

**ステップ4　受容の面接**　（5分）
本人が自分らしさを受容できるための面接を行います。
　振り返り　（10分）
　やり直し　（5分）

### 直面化面接演習の進め方
　4〜5人で1組をつくります。
1　10分間、面接をしてください。オブザーバーは、逐語で記録をとります。
2　15分間で、面接中に現れた「抵抗」を「ワークシート4　生徒に生じている抵抗をまとめるためのシート」に整理します。
3　何に抵抗しているのかを考えます。
4　1つの場面を選んで、抵抗を突破する練習をしてみます。

## ワークシート4　生徒に生じている抵抗をまとめるためのシート

| 生徒のことば | 抵抗の方法<br>（拒否、逃避、すり替えなど） | ぶつかっている気持ちは<br>何と何か |
|---|---|---|
|  |  |  |
|  |  |  |
|  |  |  |
|  |  |  |
|  |  |  |
|  |  |  |
|  |  |  |

## (1)「抵抗」への理解

自分の本当の気持ちや欲求を外に出すときには、それらに対する周囲からのリアクション、つまり自分にとっての危険に対して身構えるはずです。抵抗とは、ここで危険にさらされることから自分を守ろうとする、「無意識」に近い心の働きです。

以下に、抵抗が表れるときの様子をあげ、そのような場合にはどうしたらよいかを説明します。

・話題を変えようとする
・不機嫌になっていく、あるいは無口になる
　面接者が、これ以上聴いてはいけないという危機感を感じるようになります。
・理屈を言い始める
　「なぜそんなことが大切なのだ？」「それは面接者の偏見だ」など面接者を責め始めます。

●こんなときに有効な技法を！

相手が行っていることを、相手にそのまま返していきます（リフレクション）。

例１：話題を変えようとしたとき
　話題を変えたことに気づかせ、元に戻します。
　「この話題は、都合が悪い？」「この話は、さっきのこととどうつながるの？」

例２：不機嫌になるとき
　「なんだかすごく居心地悪そうですね。何があなたを居心地悪くさせているのか、話せる？」「そんなふうにしたら、今まで誰も近づかなかったんじゃない？　それが本当にあなたが望んでいること？」　など

例３：無口になったとき
　「話せそうにない？　話したくないかな」「私に黙っていることで、この場はやり過ごせるよ。それで、自分自身も本当に納得できるのかな？」　など

＊ここには、精神分析における「徹底操作」の技法が入る。直面化をさせると、本当の気持ちが表面化すると同時に、「アクティングアウト」（心理治療中に起こる患者の心的葛藤や抵抗が、主に治療場面以外の言動に表れること）が始まる。

直面化するときは、「セーフティネット」（生徒が揺れたときに、すぐに対応できる体制）を家庭や学校内につくっておく必要があります。また、直面化をしたあとは、その後できるだけ早い時期に（学校なら翌日）状況を確かめる必要があります。

## (2) 本当の気持ちや欲求が生まれ出る支援

本当の気持ちや欲求を表面に出すには、勇気が必要です。あきらめてしまうと、ムダな努力はしたくないという逃げの気持ちが生じます。欲求を生み出すのは、本人や保護者など当事者ですから、教員やカウンセラーは、支援者として見守る役割になります。

無理やり思いを生み出させようとして、無理に言わせたり決断させたりしても、自分のものにはなりません。本人とじっくり語り合う中で、以下のことをしてみてください。どうしても難しいときは、無理せずに機が熟すのを待ちます。

〈例〉
・「勉強は、しなくてはいけないのはわかっているが、する必要はない」と言う生徒。
・「自分がやりたいことなんか、わからないよ」と言って、わかろうとしない生徒。

・「自分が変わらないといけないのはわかっていても、そんな自分にした親は変わらないのだから、意味がない」と言う少年。
・「暴力的な親の遺伝子が入っているのだから、何をやってもムダだ」と言う少年。
・「自分が努力したって、どうせ社会は受け入れない」と言う少年。　など

●こんなときに有効な技法！
・相手の欲求に語りかける
　「本当はどうしたいの？」「それが、ほんとにやりたいこと？」「私には、あなたはこうしたいと言っているように思える」
・面接者が感じていることを伝えてみる
　「もういいと言っているのに、なんだかあきらめきれてないみたいに感じるよ」「嫌いだと言っているのに、寂しそうなのは、なぜだろうね」「期待したいけど、また裏切られるのがこわいのかな」　など
・生まれ出るための支援をするとは……
　　生まれ出ることへの安心感を持たせる
　　生み出したいという思いを強く持たせる
　　生み出せるという自信を持たせる
・徹底的に共感する
・相手の気持ちに寄り添い、今の状況より一歩も下がらないように支える
・自立性、主体性を確認する
　　決めるのは、相手であることの確認

〈例〉（子は子ども、面は面接者）
子「やっぱり、こうするほうがいいんですよね？」
面「あなたが、決めていいんですよ」「そうしたい、と心から思えますか？」
子「今はまだ、揺れています。でも、なんとかしなくちゃいけないし」
面「そう思えるようになっただけでもすごいと思いますよ。私は、その気持ちを応援しましょう。何が一緒にできそうですか？」

## 4　受容の面接演習

　受容段階の面接演習は、これだけを取り出して行うことはできません。気づきからの一連の流れを行う中で練習してください。

　したがって、この面接演習は、演習に参加するメンバーが事例（架空の事例でも可）を提供して行います。

　まず、61ページの「ワーク5　受容の面接演習」の「直面化面接演習の進め方」に沿って、「事前情報」をメンバーに伝えます。事例提供者が事例の子ども役になり、ずっと続けます。1人が続けることで、気づき、知的理解から受容のときに生じる抵抗までを疑似体験していきます。

## 第4節

# 新しい行動パターンの獲得と練習（第4・第5課程）

　第3課程で子どもが自己受容することができると、第4課程では自分に合う新しい方法の獲得に取り組むことができます。

### 1　スキルの獲得を支援するための技法

　心理教育的活動を実践するときには、既存のスキルを、子ども本人の状況に合わせて活用する必要があります。そこで、面接者や教員は、スポーツのコーチのように、プレイをする子ども自身のもう1つの目になって、その場でどのスキルを使うとよいかという情報を出していきます。

　したがって面接者は、実際にスキルを使う練習をしながら、より適切な活用方法ができるように助言していくのがこの課程です。

　第4課程に臨む際の前提条件として、本人に次のことが達成されている必要があります。

・自分の行動パターンがわかっている。
・生育歴を含めた自分の特性や自分らしさを受容している。
・自分が変わりたいゴールが明確になっている。
・そのために必要なスキルは何かがわかっている。

　これらを獲得していることを確かめた上で、以下のステップに従って進めてください。

**ステップ1**　日常生活で自分が行き詰まっている場面を振り返る

**ステップ2**　そのときに自分が状況をどう判断して、そのスキルを使おうと決めたのかを振り返る

**ステップ3**　使ったスキルの効果、つまり、スキルをどの程度使いこなせていたかを整理する

**ステップ4**　そのスキルをより効果的に活用できるようになるためには、自分にどのような練習が必要なのかを考える。また、その対人スキルが効果を上げる相手について振り返る

### 2　「ワーク6　スキル獲得のモニタリング演習」の解説

　Hくんの担任になった男性教員が面接をしたところ、以下のことがわかってきたと仮定します。

#### (1) 刺激と行動のパターン

パターン1：いつもイライラもやもやしている。自分とスピードが合わない状況（先生の話し方、遊び、掃除の行動など）が出ると、

## ワーク 6　スキル獲得のモニタリング練習

4人1組（面接者役　1名／生徒役　1名／オブザーバー　2名）

### ステップ1，2の面接演習（状況把握の振り返り）
1　1週間を振り返り、キレそうだった場面を1つ選びます。
2　第4課程のステップに基づいて、どういうスキルを使ったかを整理します。
3　振り返り（10分）
　〈振り返りのポイント〉
　⑴　Hくんが状況をどのようにとらえたか（認知を修正できたか）を明確にできたか
　⑵　Hくんが状況を誤って認知していた場合に、そのことを本人に気づかせることができたか
4　やり直し面接（5分）

### ステップ3，4の面接演習（より効果的にスキルを使うにはどうしたらいいかを考える）
1　うまくいっていた場合は、うまくいった背景を整理します。
2　スキルがうまく使えていない場合は、何が不足していたのかを、スキル面、認知面で整理します。
3　振り返り（10分）　上記の1，2がうまくできていたかを振り返ります。
4　やり直し面接（5分）

---

**ワーク6のスキル獲得のモニタリング練習用資料　Hくん（小学校5年生）の事例**

　Hくんは、両親が教育熱心で、小さい頃から塾やお稽古事で毎日どこかに出かけている。サッカーは週に朝練習3日、放課後2日、スイミング（日曜日）、塾は週3回といった具合である。

　小学校3年生頃から落ち着きがなくなり、授業中におしゃべりが止まらなくなる。就寝時刻が夜中を過ぎていて、睡眠不足になるらしく、5時間目はたいてい寝てしまう。

　知的には優れているので、おしゃべりの内容は授業に関係することが多い。しかし、先生が反応しないと、周囲を巻き込んでおしゃべりが始まる。掃除中は数名を引きつれて遊びに出かけてしまい、掃除はしない。休み時間は校庭に出て、男子とも女子とも遊ぶ。ボール遊びや追いかけっこが好き。休み時間のあとは必ず遅れて教室に入る。廊下で注意されても、悠々と歩き、女性の先生からきつく注意されると、そのときは黙るが、あとで「うるせ〜んだよ」と吐き捨てるように言う。授業に遅れてきたことを注意されても、無視して自分の席に着く。

一気にイライラが頂点に達する。そのときは、体が勝手に動いてやりたいことを始めている。
パターン2：まわりが静かになると、不安になるので、しゃべりだす。

### (2) なぜそうなっているのかの知的な理解
パターン1について

Hくんは、小さい頃から、時間で区切って次々と行動をこなしていたので、作業を完結させることが目的化し、ゆっくり楽しむ経験をしてきていません。味わい方がわからないのでしょう。

これまでも同じように体が勝手に動いていましたが、3年生までの先生は適度に活動をとりまぜてくれていたので、それほど動き回る必要はありませんでした。

4年生のときの先生は、静かにしないと授業を始めない、無言で待つ、1人もはみ出すことを許さないというタイプだったので、勝手なことをすると友達も巻き込むことになり、あとで困るので黙ってがまんしていました。

しかし、それも3学期にはがまんできなくなり、休み時間にトラブルが続出したので、今つるんでいる連中と騒ぐことにしたようです。騒ぎ始めると、先生が制止する分、授業が遅れます。先生は他の保護者から文句を言われたらしく、勝手に授業を進めるようになり、楽になりました。

家には先生や他の保護者から授業妨害だという連絡が頻繁にくるようになりましたが、親は「それは教師の授業がつまらないからだ」とつっぱねてくれたので、Hくんは自分の行動を変える必要はないと確信したのです。
パターン2について

自室で1人で寝ているので、夜シーンとすると不安になるようです。寝つきが悪く、そ

のせいで朝も起きられません。教室が静かになると落ち着かないようです。

### (3) 考え方と行動の変容

パターン1について

　ペースが崩れると、自分は思う行動ができないという強迫的な思い込みに対しては、自分のペースを守っていても最後はまわりに合わせるという公倍数的な考え方を取り入れることにしました。

パターン2について

　静かになると不安な感情が起こるとともに、「無視されるに違いない」という思い込みがあったのですが、静かにしていてもきちんと見てもらえているという安心を先生から得ることができました。

**行動変容のためのソーシャルスキルの目標**

　Hくんには、次の項目から3つを選びました。

1　学校のルールや権威を受け入れる態度とスキル
　①教師の役割を理解する。
　②教室のルールを理解する。
　③自分の責任を果たす。

2　友達とのかかわり方についての知識や技術
　　①友達と一緒に作業するための知識と技術——ペースを合わせる

**練習の対象となる行動**

　具体的な行動としては、静かにする場面では、最初にみんなで音読をしたり、Hくんに過去の学習内容を話してもらったりすることを取り入れました。

　また、このクラスはおしゃべりをするのが好きな子どもたちが多いので、先生が5分説明したら、2人組みでお互いに教え合うという授業形態にすることにしました。

**Hくんの1週間——ペースを合わせること**

　遊びの時間は、友達に誘ってもらうことで授業に遅れないようになりました。

　掃除は、Hくんのペースが速すぎて、机を運び終わっていないのに箒ではいてしまってゴミを散らかしたり、ゴミ捨ての順番を待てずにゴミ箱を玄関に放置したり、友達がしゃべっているとついそこにはまっておしゃべりしたまま掃除をしなくなったりしています。

**授業中の責任の遂行**

　知的好奇心が満足させられているので、授業中は、おしゃべりする時間と黙って作業をする時間に分けられるようになりました。

　以上をもとにして、Hくんは実際にこの行動ができているのか、できないのであれば、その背景は何かをさぐり、立て直しの面接を進めてください。

**資料2-3　第4課程で習得するソーシャルスキルの内容**

1　学校でのルールや権威を受け入れる態度とスキル
　　　（社会の存在に気づき、理解する段階──1対1の縦の関係が中心）
　① 教師の役割を理解する
　② 教室でのルールを理解し、自分の責任を果たす（授業準備、宿題、授業中の態度、など）
　③ 担任以外の先生との関係を築き、従うことができる
　④ 学校で問題や困ったことが起きたときに対応できる
　　　例：忘れ物をした、授業に遅れた、わからないところを当てられた、
　　　　　給食で苦手なものが出ている、身体の調子が悪い、など
　　（状況判断、助けを求める、あやまちを認める、解決策を考える、など）

2　友達とのかかわり方についての知識や技術
　　　（社会の一員としての仲間入り、関係を継続する段階──数名のグループでの横の関係の開始、維持の段階）
　① 友達と一緒に作業をするための知識や技術
　② 友達をつくるための知識や技術（仲間入り）
　　　友達に興味を持つ、気持ちや考えを伝える、仲間入りのタイミングをはかる、協力する、など
　③ 友達を維持できるための知識や技術
　　　約束を守る、うそをつかない、相手の話を最後まで聞く、噂話・悪口を言わない、友達とペースを合わせる、友達を助ける、など

3　積極的なソーシャルスキルを発展させるための知識や技術
　　　（自分にとって不安や不快な状況であっても、自分の欲求と社会のルールや価値を調整して、その社会の一員として自分もOK、相手もOKである社会をつくっていく段階）
　① 状況を理解する力
　　　見通しを立てる、全体を理解する、問題が何かを見極める
　　　自己理解：自分が何をしたいのか／他者理解：相手がどうしたいのか、など
　② 問題を解決する力
　　　対立解消、仲裁、など
　③ 積極的な性格傾向
　　　状況を前向きにとらえる、自分の趣味や興味を増やす、苦手な相手への興味を深める、など
　④ 家庭での家族との関係を築く
　　　自分・家族の役割の理解、家族のルール、所属感、など
　⑤ 日常生活でのエチケットを理解して実行する
　　　丁寧な言葉使い、他者を尊重する気持ち・態度、社会のルールに従う、など

# 第5節 面接中に相手がキレたときの対応

面接中に相手がキレることは、多くの面接者が経験することでしょう。教員やカウンセラーであっても、目の前で怒りをあらわにされ、大声を出されれば、驚いたりおびえたりするのは、自然な反応です。しかし、面接中や対応中に面接者の腰が引けてしまうと、相手のアンガーの思うつぼにはまってしまいがちです。

この節では、相手がキレたときにどう対応するかについて理解を深めていきましょう。

### ステップ1　キレさせた「引き金」を理解する

キレる背景には必ず引き金があります。相手にとっての引き金が何なのかがわかると、彼らが日常生活でかっとなったときの対応が具体的にできるようになります。まずは落ち着いて行動観察をしてください。

面接中によくキレる人には、以下のようなタイプがあります。

① キレることを道具として使っている場合
② 言葉での面接が苦手で苛立ってしまう場合
③ 面接中になんらかの引き金があって衝動的になる場合

いずれの場合も、ニュートラルな態度で以下のように聞いてみてください。

「どうしましたか」「何があなたをそんな気持ちにさせたのでしょう」

この段階で、「うぜーんだよ！」などと、話していた話題に触れるのをいやがるようなら、「わかりました。1分待ちますから、気持ちを静めてください」と伝え、相手がおさまるのを待ちます。

興奮状態のときには、冷静に思考できないので、興奮する刺激を排除するのがクーリングダウンのコツです。キレさせてしまう人は、相手が興奮しているにもかかわらず自分の言い分を言い続けたり、相手が不快に思うことをさせようとしがちです。面接者の対応自体が対象者を興奮させているということも理解する必要があります。

特に、道具としてキレることを使う人は、面接者がおびえたり揺れたりすると、自分の不快な話題には絶対に触れさせないように面接者を心理的にコントロールすることがあります。面接者は平静を保てるようなトレーニングを積んでおくことが必要です。

心を閉ざしたまま話をしようとしない場合は、面接者の役割を明確かつ簡潔に伝えた上で、面接時間を有効に使うことを提案してください。

### ステップ2　相手の態度や表現された言葉の本当の意味を「翻訳」して伝える

　キレるという行動で、彼らはさまざまな気持ちを表現しています。しかし、先に述べたアンガーの状態になっているため、自分では何を伝えたいのかがわかっていないのです。

　面接者が冷静に、受容的に、彼らが本当に伝えたいことを理解しようとする姿勢を示すと、思考が進みやすくなります。

　「あなたが伝えたいのはこういうことだと思いますが、合っていますか」

　「今は、何も言いたくない気持ちなんですね」

　「なんだかすごく苛立っているようですね。何が気に入らなかったのか、話せますか」

　相手が話し始めたら肯定的に聴き、話の内容をまとめていきます。このとき、「面接者の態度や言葉で傷ついたのだ」と直接伝えてきた場合は、面接者も素直に謝る姿勢を示します。

　大切なのは、彼らが怒りをおさめて自分の気持ちを言葉で伝えようとしていることに注目することです。また、彼らは面接者に腹を立てているというよりは、同様の体験を思い出して目の前の面接者に投影していることが多いので、落ち着いたら次のように尋ねてみてください。

　「こういうことは、日常生活でもありますか」

　「さっき私が言ったようなことを、あなたに言う人が職場にいるのですか」

　面接者が率直に、「いやな気分にさせてしまったんですね。ごめんなさい」と伝えると、たいていは相手も、「いや、本当は先生に腹を立てたわけじゃないことは、自分でもわかっているんです」と、本当に怒りを向けている相手のことを語り始めてくれます。

　しかし、ここで面接者が防衛的になって言い訳をしたり、相手が怒ったことを責めたりすると、「だから誰もわかっていないんだ」と、怒りを増幅させてしまいます。

### ステップ3　共感しながら一緒に解決策を考える

　キレた背景や伝えたかった内容がわかったら、具体的に解決する方法を探します。

　彼らはキレるという行動で自分の葛藤を止めると同時に、相手がこれ以上介入できないようにしているのです。したがって、彼らの葛藤をゆるめ、具体的な解決方法を考えていくと、それ以上興奮する必要はなくなります。

　このとき、相手の心を開かせるには、「面接者はあなたの味方である」という確固たるメッセージを伝え、彼らから目をそらさずにじっと見守る姿勢が大切です。責められる、聴いてもらえない、敵だ、などと感じると、彼らは固く心を閉ざしてしまうからです。

　また、少しでも好ましい行動が出たら、即座にその行動を認めていることを伝えます。興奮しているときは、行動と言葉がちぐはぐになりがちなので、言葉では面接者をなじっていても、行動としては自分を制して椅子に座る場合もあるためです。

　トオルくんは、集団活動時に起こした暴力について振り返る面接中に、突然立ち上がり、「わかったって言ってんだろ！　しつっこいんだよ」と机を蹴って椅子ごと後ろを向きました。イライラして肩で息をしているので、

体が大きく揺れています。
「苦しそうだね。この話がいやなのはわかった。少し体を楽にしよう。まず、深呼吸してみない？」と伝えても、トオルくんは、無視しました。後ろを向いたまま「てめーのせいだろ。だからいやなんだ」等、ぶつぶつ言いながら椅子を揺らしています。トオルくんなりに気持ちをおさめようとしているようなので、しばらく待ち、椅子の揺れ幅が小さくなったので声をかけました。
「私は、トオルくんに二度と暴力をふるってほしくありません。どうしたら暴力をふるわないようになるのか『わかった』という言葉を信じたいので、今、気持ちをおさめてこちらを向いてみてください」

静かにそう伝えると、トオルくんは「わかったよ！」と言いながらも、ふう〜っと息を吐き出してこちらを向きました。「自分のストレスをこらえて、こちらを向いてくれたのですね。自分の力で行動を変えることができたのですね」と、それを認めました。そして、その話題はそこまでにし、トオルくんが話しやすい話題、楽しい話題に切り替えて面接を終えました。

面接の最後に、イライラをおさめられた今日の感覚を忘れないようにすることと、イライラしたときは、深呼吸したり楽しい話題を考えたりするなど、具体的なストレス解消方法を書いて渡しました。

# 第3章

# タイプ別の事例に見る個別アンガーマネージメント

### この章の内容

この章では、個別のアンガーマネージメント事例を紹介します。介入の初期段階から面接がどのように進んでいくのか、どういう場面で抵抗が出るのか、また自己受容にいたるきっかけはどんなことかなど、事例を読み進めながら一緒に考えてみてください。

### キーワード

発達障害　家庭内暴力　不登校　いじめ　非行
保護観察　危機介入　クーリングダウン
言葉以外でのアンガーマネージメント技法
描画、箱庭を活用した自己理解

個別対応は、暴力やいじめ等を繰り返す子に適用します。第1章で説明した5課程を1つずつ丁寧に進めていきますが、事例によって重点がおかれる課程が異なります。それぞれのケースで留意することや必要な技法や、認知の変容のプロセスについて事例を通して考えていきましょう。

## 第1節

# いじめを繰り返す子

**内容**
いじめを繰り返す子への個別対応事例です。いじめている子が自分の行動の背景や相手への影響を内省するためにどういう面接を進めていくのかを、一緒に考えてみましょう。

**キーワード**
ネガティブループ
人のせいにする
泣くことの意味

いじめている子にお説教をしても、心にしみてはいきません。本人がなぜいじめという行為でしか自分の気持ちを表現できないかを理解することから始めます。

いじめの対応の中で最も難しいのが、いじめを繰り返している子どもへの継続的な指導です。

なぜいじめを繰り返すのかを考えることから始めて、どうすればいじめている子どもたちが自分の行為に「気づき」や「内省」を深めるように指導できるかについて考えてみましょう。

## 1 なぜ繰り返すのか

いじめを繰り返している状況には、本人自身、およびいじめを助長する周囲に課題があるようです。

いじめるパターンとしては、ストレス発散のためにいじめをする子、あるいは楽しみのためにいじめをする子どももいます。いずれの場合も共通して、感情の発達の遅れや表現方法の誤りという本人の課題が見られ、自分の行動の誤りを認識する力も不足しています。

たまったストレスを発散するためにいじめている子には、次頁の「図3-1 行動化が繰り返されて生じるメカニズム」のように、学習や家庭生活、対人関係などの日常のストレスがたまっており、なんらかの引き金によって「いじめ」を行います。

しかも、いじめをしたからといって根本的なストレスの原因が解決されたわけではない

ので、一時的に発散してもまた次のストレスがたまってくると、「いじめ」を繰り返すことになります。いわゆる「ネガティブループ」です。

このタイプの子のいじめの特徴は、特定のターゲットがいるわけではなく、必ず「引き金」になる出来事があるということです。そのために本人は、イライラさせる「相手が悪い」という思いや、「誰も私（ぼく）の苦痛がわからず、自分だけが悪者にされてしまう」と感じてしまいがちで、なかなか指導が入りません。指導によってさらにストレスを高めてしまうと、陰で陰湿な行動に出たり、自分がつかまらないように匿名性を高めたり、人を使ったりするようになってしまいます。

したがって、このタイプの子どもに対応するには、まずいじめている子ども自身のストレスを見立てることにより、その子が自分のストレスを正しく解消できる支援をすることが大切になります。

最初の指導段階で、的確な見立てができ、本人のストレス解消の支援者になることができると、アンガーマネージメントや学級でのソーシャルスキル教育に乗せやすくなります。「気づき」が大切な理由はここにあります。

一方、楽しみのためにいじめをする子の場合は、「からかい」や「遊び」の一環として相手の反応を楽しむことが目的なので、最初は「遊び」か「いじめ」か区別がつきにくいという特徴があります。一方で、いたずらで手紙を出す、靴を隠す、インターネットの掲示板にうわさ話を書き込むなど、内容がエスカレートしていくと、重篤な犯罪に結びついてしまう場合さえあります。

彼らは、他者がつらい思いをすることに対する罪悪感や共感性が低いため、道徳性に訴えかけても効果はありません。逆に、注意したり反応したりする大人を遊び相手にして、「かくれんぼ」や「追いかけっこ」をして遊び始めます。忠告した先生が、インターネットの掲示板で実名入りで誹謗中傷のターゲットにされたこともあります。

図3-1　行動化が繰り返されて生じるメカニズム

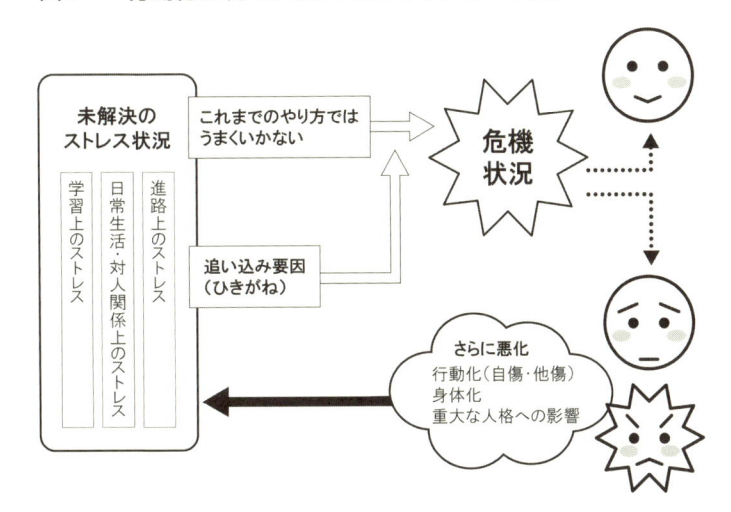

未解決のストレス状況
- 学習上のストレス
- 日常生活・対人関係上のストレス
- 進路上のストレス

これまでのやり方ではうまくいかない → 危機状況

追い込み要因（ひきがね）

さらに悪化
- 行動化（自傷・他傷）
- 身体化
- 重大な人格への影響

## 2　「気づき」から「新しいスキル」定着まで

いじめを繰り返す子に対しては、継続した指導として個別のアンガーマネージメントが必要になります。これは、次ページに再掲する「図1-4　アンガーマネージメント・プログラムの流れ」で進めます。

まず、自分が何をしているのか、自分に何が起こっているのかに「気づく」ステップです。次に、このまま同じ行動を続けると自分

や他者にどのような影響が出るのかを考えたり予測したりする「知的な理解」のステップに進みます。推測ができたら、もうこんなことを繰り返すのはいやだと心から悔いることができる「感情的な理解」の段階です。

ここまでいったら、ようやく「新しいスキル」を学ぶ段階になります。その後、練習を通して「新しいスキル」が定着します。

ここまでを10〜30回の面接で行うことになります。

この中で一番大切なのが、「気づき」を促進させるための直面化の面接です。いじめの指導がうまくいかないパターンでよく見られるのが、周囲はいじめはいけないと気づいているし、このままだとどうなるかもわかっていて、どうしてもやめさせたいと思っているのに、いじめている本人は何がいけないのかに気づいていなかったり、気づこうとしていなかったりすることです。

気づいている子は、自らの行動を語り始めますが、気づいていない場合は、言い訳したり他人のせいにしたりしてしまうので、なかなか自分の行動を客観的に見つめることができないままです。

では、事例を通じて「気づき」をどう促進するかを説明してみましょう。

### 3 いじめの「ボス」に祭り上げられていた亜美さん

小学6年生の静香さんをクラスの半数以上が「ばいきん」扱いしてはずしていたという事例があり、その中心になっていたのが亜美さんでした。亜美さんは、成績上位で名門私立中学を目指しています。

クラスは32名ですが、女子は9名しかいません。男子の中にも暴力的な子や1人で勝手な行動をする子がいるなど、4年生くらいから落ち着きがない状態でした。先生たちは、

**図1-4 アンガーマネージメント・プログラムの流れ**

個別指導：最低週1回程度、全体で5〜15回を行うのが好ましい

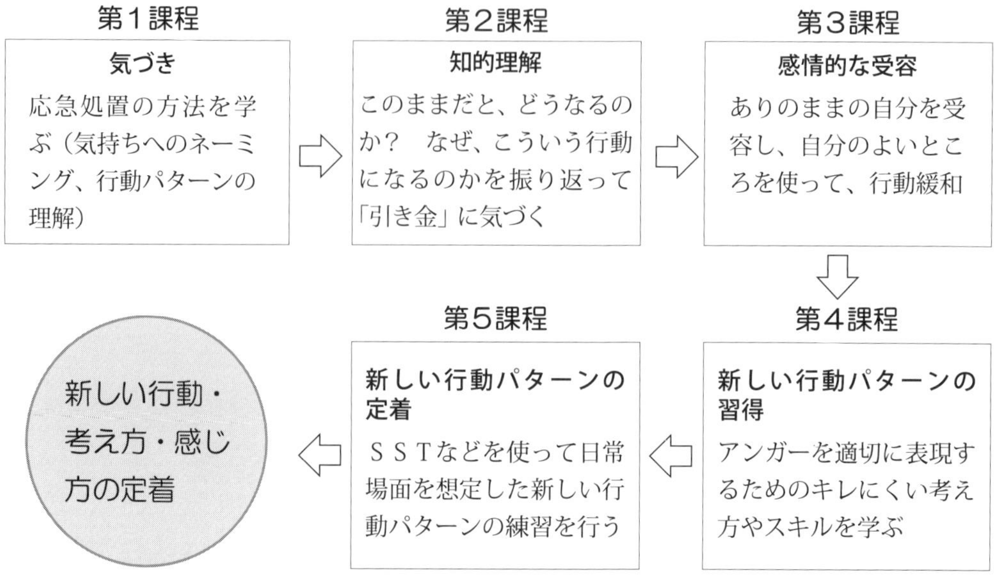

| 第1課程 | 第2課程 | 第3課程 |
|---|---|---|
| 気づき | 知的理解 | 感情的な受容 |
| 応急処置の方法を学ぶ（気持ちへのネーミング、行動パターンの理解） | このままだと、どうなるのか？ なぜ、こういう行動になるのかを振り返って「引き金」に気づく | ありのままの自分を受容し、自分のよいところを使って、行動緩和 |

↓

| 第5課程 | 第4課程 |
|---|---|
| 新しい行動パターンの定着 | 新しい行動パターンの習得 |
| SSTなどを使って日常場面を想定した新しい行動パターンの練習を行う | アンガーを適切に表現するためのキレにくい考え方やスキルを学ぶ |

← 新しい行動・考え方・感じ方の定着

騒ぎが起こるたびに口頭での注意を繰り返しましたが、効果は一時的で、教室はいつもざわついていました。

亜美さんの両親はともに高学歴で亜美さんに対する期待も大きいので、このような学校の状況には不満や不信が強く、亜美さんの前で学校批判を繰り返していたようです。学習の成果を学校に期待できないため、学校が終わると亜美さんは毎日塾に通っていました。

成績がよく、ちょっとクールな印象のある亜美さんは、女子の中では憧れでしたが、言葉がきついので、逆らうと怖い存在になりました。男子も亜美さんには言葉で勝つことができず、一目置くようになっていました。

一方、静香さんはいつもおっとりふわふわとしている感じで、朝うれしいことがあると一日余韻を楽しんでいるようなところがありました。亜美さんは静香さんを見るとイライラするらしく、静香さんを避けていたのですが、あるとき気に入らないことがあり、静香さんをにらんで「ちぇっ」と言うと、亜美さんと目が合った男子が静香さんをやじって追いかけ回す「遊び」を始めました。以来、亜美さんが静香さんにすることを周囲がまねたり代わりにしたりするようになりました。静香さんが近づくと女子全員がさっといなくなる、静香さんがさわった配布物は誰も受け取らない、静香さんが給食当番になると誰もそのおかずは食べない、などといったふうです。

静香さんはしだいに体調を崩し、授業中に泣き出したり保健室に行ったりすることが増えたため、クラス全体への緊急介入が始まったのです。

アンガーマネージメントは、以下のように進みました。

①クラス全体への聞き取りと個別面接
②聞き取りから、介入が必要な子どもへの個別指導
③クラス全体のアンガーマネージメント・プログラムの実施

生徒全員への面接は、校長、担任、外部からの専門家チームらが分担して行い、亜美さんへの面接は外部の支援者である私が担当することになりました。

このクラスは、「いじめ」をしているという認識そのものが低いと思われたため、一人ひとりへの聞き取り面接では、「何が生じているのか」および「そのことと自分とのかかわり」をそれぞれの子どもが自分の言葉でどのように説明するかを中心に行いました。

いきなり「おまえたちはいじめをしている。反省しなさい」という介入では、表面的にはおとなしくなっても、「静香さんのせいで怒られた」と、陰で陰湿化する可能性があったためです。

以下は、亜美さんの初回面接での様子です。
（Cはカウンセラー、亜は亜美さん）

## 4 「自分に何が起こっているのか」に向き合う

C 今日は、亜美さんがクラスのことや先生のこと、静香さんのことをどう思っているのか、文句でも提案でも、感じていることを教えてほしいと思います。

＊全員に面接することが決まっていたため、亜美さんはすんなりと話し始めた。

亜 担任がやだ。あいつ、ひいきする。

C 誰を？

亜 J男とかK男とか。駄々こねてるみたいなやつらのご機嫌とってさ。うちらには、うるさく言うくせに。

C うるさくって、どんなふうに言われるの？

亜 だいたいさ、声の大きさが違うよ。J男になんて、えっらいやさしく話しかけてんじゃん。あんなんだからなめられるんだよ。

C J男にも厳しくしてほしいの？

亜 自分が言うこと聞かせられる相手には甘くって、その分、うちらにはやつあたりじゃん。

C なるほどねえ。それで授業中に担任の先生のほうを見ないんだ。

亜 見る気ない。うざい。見るとイライラする。

C 声を聞くのも？

亜 やだね。授業だってつまんないしさ。聞く必要ないじゃん。塾のほうが先に進んでるし。

C それで授業中に隣の子としゃべってたわけか。手持ち無沙汰？

亜 そう。聞いてほしいんだったら、注意するんじゃなくってさ、もっとましな授業すりゃあいいんだよ。

C なるほどね。授業に参加はしたいんだね。授業のことは、なんとかおもしろくなるように担任の先生と相談してみよう。じゃあ、別のこと聞くね。亜美さんがどこかに行くと、女子がみんなついてくるの知ってる？

亜 うん。

C 亜美さんが行こうって誘うの？

亜 別に。勝手に来てる。

C 亜美さんはみんながついてくることは、どう思ってる？

亜 別に。どうでも。

C 別に……かあ。あんまりそういうことについて考えたことはないかな？

亜 うん。

C 見てるとさ、亜美さんがやだなと思うとまわりが何かやってくれているように見えるんだけど、そういうのって気づいてる？

亜 そういうのは、やだ。

＊亜美さんの顔がゆがみ始める。

C なんか、もう泣きそうだね。

亜 だから、あたしは、そういう気ないんだもん。なのに、いっつもあたしのせいにされて……。

C そういう気はないわけか。ただ、事実として女子は亜美さんの指示待ちで動いているよ。男子も亜美さんと目が合ったらJ男を無視してたよね。自分にそういう力があることはどう思う？

亜 （＊泣き出す。）あいつらが勝手にやってんじゃん。なんであたしのせいになるわけ？

C 自分の影響力への責任。

亜　何それ？
C　人に影響力を与える力を亜美さんは持ってる。これは、いいほうにも悪いほうにもどちらにでも使える。亜美さんは自分で自分のこういう力をコントロールしてる？
亜　……。

　このあと、亜美さんはしばらく泣きながら沈黙しました。何に泣いているのか、どんな気持ちなのかを尋ねても、「わからない」と答えました。いつもわからないのかと尋ねると、「そうだ」と答え、「泣くとあとがしんどい。気持ちは考えたくない」と言いました。泣いてすっきりしたことはないのかと聞いても、「ない」と言います。その様子から、亜美さんはプラスの感情でもマイナスの感情でも、ストレートに人に感情を出して受け入れてもらった経験が少ないことがわかりました。
　「気持ちを揺らしたくないから、つっぱってたんだね」と言うと、黙ったままほろろっと泣きました。先ほどまでの涙とは違っていました。それまではわき上がる感情がなんだかわからずに赤ちゃんのように泣いていましたが、最後の涙は、ほっとしたような涙に見えました。
　亜美さんは、感情的には「もうこんなのいやだ」と感じてはいたものの、何が起こっているのかへの「気づき」や、このままだとどうなるのかという「知的理解」には至っていないことがわかりました。また、無意識ではあるけれども、自分の気持ちをわかってもらうために人に気持ちをすり込んで動かしていたこともわかりました。
　これらは、亜美さんが親との関係で「愛着」の形成がうまくいっていなかったことを示しています。愛着形成がうまくいくのは、子どもからの呼びかけに親がほどよく応えるときです。亜美さんの場合、呼びかけても応えてもらえないために自分から近づくのですが、物理的に近づいてもわかってもらえないために、物理的には平然としながら心理的にすり込むということを身につけてきたようでした。私がそのことを指摘したとき、亜美さんはもやもやとした気持ちを受け止めてもらって安心したのかもしれません。
　亜美さんにまず必要なのは、具体的に自分がどのような場面で人に影響を与えているのかに気づくことです。そして、気づかないでいると、亜美さんが一番いやな「仕切っている状況」が起こることを理解させることでした。そこで、「気づき」と「知的理解」を促進するために、このあと学級全体でソーシャルスキル・トレーニング（以下、SST）を実施し、「生活場面面接」を繰り返しながら、その場で新しいスキルを教えていくという方法を

とることにしました。

「生活場面面接」というのは、少年院などの矯正施設でよく行われる手法です。トラブルが起こったその場で介入しながら、トラブルの中心になっている子どもに自分の気持ちを理解させたり、本当は何をしたいのかを考えさせ、どうすれば自分の気持ちが相手にうまく伝わるかを実践していくものです。

例えば、SSTのグループ活動で亜美さんが仕切っている場面があると、「今、どうなってる？」とまわりを見るように促したりします。

また、そのまま亜美さんの思うように進めると、みんなが亜美さんと同じ答えを選ぶようになってしまう場面を体験させ、教師や教室支援に入っている学生たちがミディエーター（調停者）になって、周囲の子どもたちの気持ちを聴いてお互いに伝え合うことを続けました。

体験学習と内省をクラス全体で繰り返しながら、集団としての気持ちを一人ひとり切り離し、独立させていく作業を続けていきました。感情のモニタリングをして、一人ひとりの気持ちを分けるために毎回「表情シート」から気持ちを選ぶ作業をし、内省を深めるために「振り返り用紙」に考え方のステップをつけたり、その日の様子からできていたことや困っていたように思えた場面を伝えたりと、毎回コメントをつけて返却しました。

8回のアンガーマネージメント・プログラムを終了する頃には、亜美さんはさまざまな表情をその場で出すようになってきました。また、気持ちを言葉にしていく練習を繰り返すうちに、すり込みがセルフトークになるようになっていきました。

個別のアンガーマネージメントは、取り出し形式ですべて個別に行う場合もありますが、亜美さんのように「生活場面面接」を活用しながら進めると効果がある場合もあります。

大切なのは、その子自身が「なぜいじめを繰り返すのか」に自分で気づき、正しい方法で自分の欲求を実現するスキルを身につけるためのプランを立てることだと思います。

## 第2節

# 家庭内暴力を繰り返す不登校の中学生

**内容**
家族に対する自分の気持ちをうまく伝えられず、母親への暴力として表現していた中学生が、箱庭で表現しながら自分の気持ちを理解していった事例です。

**キーワード**
言葉以外の表現を探す
受容と限界の設定
自分との直面化

言葉では面接がうまく進まない場合は、描画や箱庭、ゲームなどを通して心の世界を理解します。

　この事例は、不登校で家庭内暴力を繰り返す、中学校1年生の浩くんに対して実践したものです。

　浩くんの家は、継父と母、継父と母の間に生まれた妹の4人家族です。浩くんは、もともと不安感が強く、新しい場面への適応に時間がかかる上に言語表現が苦手という特徴があります。

　アンガーマネージメントの開始時は、不登校でネットゲーム依存の状態でした。また、母親や妹への暴力も激しく、気に入らないことがあるとなぐりかかる、物を投げつけるということが週に2～3回ありました。

### 1 気づきから知的理解まで（第1・第2課程）

　浩くんは言語表現が苦手なので、気持ちの理解には箱庭を用いました。

　初回に表現されたのは、巨大な蛇と邪悪な怪鳥を相手に戦っている兵士軍でしたが、本人が最も気に入っていたのは、ジャングルの水路を潜行していくボートに乗った兵士です（写真2-1）。司令官は臆病なので柵の後ろに立っており、たくさんの兵士たちが「蛇たちが間違って入ってこないように護っている」のだと言います。

　現実的には暴力は母親に向かっているのに、

写真2-1　初回。蛇と邪悪な怪鳥と戦う兵士群

箱庭で戦う相手は継父であること、また、自分の臆病さと勇気に気づいたセッションでした。

2回目に表現されたのは、聖母化した母と一体化することへの憧れと、継父への敵対心でした（写真2-2）。

言葉では著者の質問に「はい」「いいえ」程度しか話せないのに、箱庭では、さまざまな思いをすばやく表現することができるのです。

ここではどんな気持ちを表現してもいいのだということを伝えながら、自分の表現したものが現実的にも認められる経験を持たせることを目的に、箱庭で表現したあとで母子同席面接を行いました。箱庭に表現された気持ちを浩くんに確認しながら私が母親に伝え、その内容を継父に対して実現するための具体的な方策を親子で相談し、1つだけ実行してもらうことを宿題にしていったのです。

「気づき」の段階でわかったのは以下のことです。

・不安が強く言語化も苦手であることから、自己への否定感情が強く、他者に直接自分の気持ちを表現することをあきらめ、勉強にも拒否的になっていること
・母親への独占欲と屈折した甘えが結びつき、継父や妹に母親が奪われるのを阻止する手段として不登校や家庭内暴力が生じていること

第1課程（気づき）では、自分の気持ちを形に表すことで自己理解を促しました。そして、ある程度自分の気持ちを表現できるようになったら、母親や妹への暴力と不登校を選ばせている浩くんの考え方について「知的理解」を深めることにしました。

こうした方針で面接を進めたところ、「母と2人だけの生活に戻りたい」という願望が強く表れ、3回目の面接では、継父との1対1の全面戦争を象徴する箱庭がつくられました（写真2-3）。

写真2-2　シンデレラ城を守るユニコーンと近衛兵

写真2-3　一騎打ち

しかし、実際の生活では、継父からも勉強からも逃げ回っており、その苛立ちを母親や妹に暴力としてぶつけていたのです。自分の願望を実現するためには、母親を奪い返せるだけの強さを身につけるしかないことは面接中にも話されるようになりましたが、現実的には、あきらめ感が強く「どうでもいい」という態度が続きました。そして、箱庭で表現すること自体についても、「もういい」と言い出すようになりました。

この段階で、不安な場面で何が生じるのかについての直面化面接を行う必要があるのですが、他罰傾向が強い浩くんの場合、自分の問題に直面するには相当な抵抗が生じて荒れることが予想されました。

そこで、セーフティーネットをつくるために、両親に対する直面化面接を行うことから始めました。

浩くんの状況への理解を深め、荒れが出た場合に両親に同じ態度で受け止めてもらうためです。

両親は、今まで表面的に穏やかなことを目指してお互いの本音を出すことを避けてきましたが、自分たちも本音でぶつかってみようということになりました。

## 2 抵抗とありのままの自分の受容（第3課程）

### (1) 不安な気持ちとの直面化面接

第3段階の面接では、まず「継父に戦いを挑みたいなら、前に進むしかないこと」（行動を変えることによるメリット）と、「家に引きこもっていやなことから逃げ回っているのでは相手にされないこと」（今の行動を続けることのデメリット）を明確にし、ゴールを達成するときに不安になるのは当たり前であることも伝えました。

その上で、逃げ込むための適切な場所についての限界設定を行いました。自分の目的を達成するためには、「学校に行くか、適応指導教室に行くかしか選択肢はない」と浩くんに告げると、「行かなくちゃいけないという気持ちはあるが、集団で勉強するのがどうしてもこわい」「こわくなるとイライラしてきて、不快な気持ちから逃げたくなる」ことに気づき始めました。

適切な方法で不安を解消するために「集団の授業ではなく、別室で勉強をサポートしてくれる人がいるなら行けるか」と問いかけると、「わからない」と言います。

しかし、自分の不安の対象について、言葉で理解できるようになってきました。といっても、自分の言葉での表現はまだ難しく、私のこういう感じなのか、という問いかけにYes、Noで応えながら自分で付け足すという対話です。

そこで、次の回の面接時に、学校での学習支援担当の先生に同席してもらうことにしました。しかし、実際に先生に会うと不安が出始め、その矛先はこの不安な状態をセッティングした私に向かいました。支援担当の先生とは学校で会う約束をしたものの、面接終了後には、「あの人（私のこと）嫌いだ。もう会いたくない」と母親につぶやいたそうです。

浩くんが、人に対するネガティブな気持ちを自分の言葉で表現できた瞬間でした。この言葉を受け止めた上で、母親は「あの先生は浩くんを助けてくれる最後の人かもしれない

よ」と伝えたとのことでした。この日、浩くんが家で暴力をふるうことはなかったそうです。

その後、「(不安に向き合わされるから、私のことは)嫌いだ、会いたくない」、でも「セラピーは続けたほうがいい」ということを本人が理解し、継父と対決する力を育てるために、男性相談員（以下、相談員）が面接を引き継ぐことになりました。浩くんには、自分の不安から逃げ出したいけれども、力をつけるためにセラピーには通おうという気持ちが生じてきていたのです。

適応指導教室への入室手続きが進められ、母親に対して「2人だけで暮らしたい」というポジティブな気持ちと「なんであんな奴と一緒になったんだ」というネガティブな気持ちを直接言葉にすることも多くなりました。

それでも、継父に直接気持ちを伝えることはできず、避け続けたままです。セラピー場面でも、言語活動が苦手な上に男性に対して感情や気持ちを出したことのない浩くんは、作業をしているときは穏やかであるにもかかわらず、面接場面になると困惑し、床に寝そべったり部屋の隅でかたまったりすることを繰り返しました。相談員もそれ以上浩くんのネガティブな感情に触れることができず、そんなときは帰宅後に母に暴力をふるってしまいました。自分にとっていやなネガティブな感情を出させられる相手に言い返したいけれども、幼児的な表現しかできない自分への苛立ちもあったのだろうと推測されます。

母親は、浩くんが落ち着きやすいような声かけや上手なタイムアウトを取ることができるようになっており、暴力が悪化することは減っていました。

次の課題は、男性に対しては固まることで拒絶を示し、女性に対しては暴力を甘えの代わりに使うことで自分の気持ちを察してもらうパターンをつくっていることについての直面化面接です。

### (2) 暴力を甘えに使ってしまう自分との直面化面接

相談員、浩くん、母親と私の4者で、暴力についての直面を行いました。

この面接の2日前に、浩くんと継父とのトラブルなのに母親に原因を押し付けて暴力をふるい、本来、浩くんが解決すべき問題を母親にやらせたということがありました。面接でこのことをテーマにすると、沈黙が始まりました。

「伝えたいことがあるなら、暴力じゃなくて、今、言葉で伝えてごらん。お母さんはあなたがほんとの気持ちを話してくれるのを待ってる。だから、暴力を使う必要はないんだよ」と私が促すと、浩くんは何も言わず母親に背を向けてしまいましたが、その場から逃げ出すことはありませんでした。母親も、浩くんの気持ちを代弁することなくじっと待っていました。沈黙の中で、カタカタと小刻みに動く浩くんの足が、伝えたいことはあるが何をどう伝えればいいかわからないもどかしさを表しているようでした。

しばらくして相談員が浩くんに近づき、「言うべきときに言わないで、あとで『わかってくれない』と暴力をふるうのは、同じ男として卑怯だと思う」と告げると、浩くんは目線をそらすことなくじっと相談員のほうを見

つめていました。真剣な表情で、泣きそうになりながらも、必死で自分の不安と立ち向かっている浩くんに、相談員は成長を感じたと言います。

結局、この回の面接で、浩くんが言葉を発することはありませんでした。しかし、帰り際に相談員が「今日、こらえられた感覚を覚えておいてほしい。いやなことがあっても1週間抱えて、来週からここで一緒に運動して出すようにしてみよう。浩くんならできると思うよ」と伝えて別れました。

その面接のあと、頻発していた浩くんの暴力はほとんどなくなったそうです。いやなことがあっても、それが暴力につながらないことに対して母親自身が驚いている様子でした。また、タイミングがずれたり言葉足らずだったりすることも多いのですが、自分の気持ちやこうしたいということを、母親や適応指導教室の先生に言葉で伝えられるようになってきたということです。

### (3) ストレスマネージメントと言語化の練習（第4課程）

その後、浩くんは、セラピーでストレスマネージメントや気持ちを言葉にする練習を行いながら適応指導教室に通い、不安な学習にも取り組み始めました。毎日というわけにはいきませんが、大きな不安を抱えることなく通室し、週末には友達と遠出したりしているそうです。

*

アンガーマネージメントは、感情はどのようなものでも感じてよいのだということを受け入れた上で、自分のネガティブ、ポジティブ両方の欲求や行動に自らが気づき、なぜ間違った表現をしてきたのか、本当の気持ちを伝えるために何を変えなくてはならないのかについて「直面」を行うことに意義があります。

したがって、第1から第3課程までを丁寧に実施した上で、第4課程からのソーシャルスキル・トレーニングに入ると効果的です。

## 第3節

# 家族への怒りをためこんで不登校になった女子中学生
## 箱庭を通じた自己理解と自己表現

**内容**

自分の気持ちをうまく表現できず、自分の内側に抱えこんで引きこもってしまった子への個別対応事例です。

**キーワード**

抑圧　きょうだいの真ん中の子
言葉にならないということ
学習性の無気力

気持ちを言葉にするのが苦手な子の場合には、表現された絵や箱庭の世界にカウンセラーが近づき、理解していくことが大切になります。
解釈に際しては、描画や箱庭の理解について十分に研修を積んでください。

---

本節では、自分の気持ちを言葉にするのが苦手で、じっとがまんしていた少女に、適切に感情を表現することを実践していった事例を紹介します。

みちるさんは、3人姉弟の真ん中で、ワンマンな父と控えめな母の間で育ちました。

姉は、スポーツマンで自分の意思がはっきりしていましたが、父親の意向でものごとが決まっているこの家庭では、自己決定権が与えられていませんでした。

中学2年生になり、学校でのいじめがきっかけとなってみちるさんは不登校になりました。家庭でも寡黙になり始め、イライラしたり急に不安になって泣き出したりという様子を心配した母親と一緒にカウンセリングに来ることになりました。

## 1　自分の気持ちへの気づき（第1課程）

初回面接でみちるさんは自分の気持ちを言葉にすることが苦手な様子が見られ、母親に代弁してもらうことで私との意思疎通をしていました。そこで、自分の気持ちに気づいてもらうために、箱庭を使って自己表現をしてもらうことにしました。

この面接でみちるさんがつくった箱庭は、写真3-1です。「行きたいところ」というテーマでした。

中央の上側に滝があり、そこからまっすぐに川が流れ落ちています。絵画構成では、縦の川や滝は喪失体験や深い悲しみを示しています[注]。また、母親を投影する大きな双子山が左側に、そのそばにはお地蔵様がいます。弟の世話で忙しいお母さんに十分甘えられなかった自分が、お地蔵様として現れているようにも思えました。

右側には、小さい双子山（自分）があり、自分を癒していくのが田舎の風景だということを示しています。母親の世界と自分の世界を結ぶ大きな橋がありました。みちるさんは、お母さんに甘えたい気持ちがあるのにずっとがまんしていたこと、大きな悲しみをわかってもらいたいことを表現していました。それでも、自分で癒そうという気持ちがあることと、その可能性を具体的な人物や行動、場所で示していました。言葉での表現は苦手ですが、箱庭ではとても的確に自分の気持ちを表現してくれました。

2回目には写真3-2をつくりました。学校が中央にあり、その後ろに病院があります。学校の中にはスポーツが好きな姉とやんちゃな弟の姿があり、田舎の祖父母の姿もありました。著者はそれを見ていて、胸が痛くなる思いがしたので、その気持ちを伝えました。「あなたは、ほんとにみんなをよく見ているんだね。涙が出てきたよ」と言うと、みちるさんはにこ～っと笑って母親のほうを見ていました。

みちるさんが描いていたのは、自分の目から見える家族だったのです。家族の一挙一動をしっかりと見つめており、離れている祖父母を思いやり、学校にも行かなくてはいけな

写真3-1

写真3-2

いことがよくわかっていたために、学校に行けない状態の自分をどうしていいのかわからなくなっている様子がよく見えました。「少しずつ自分の気持ちを表現できるようになろう」と目標を決めて、次回につなげました。

写真3-3

写真3-4

写真3-5

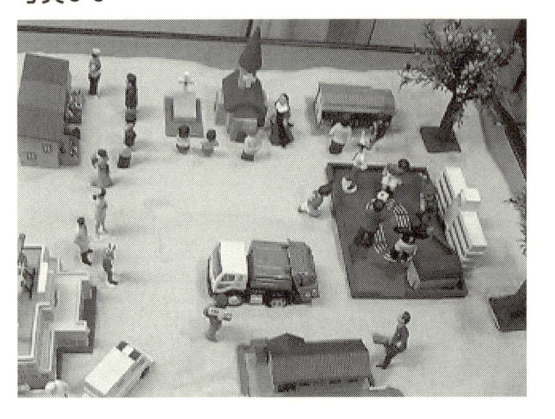

## 2 知的理解（第2課程）

　箱庭を表現する前に、1週間の出来事を対象別に整理する知的理解を行うようにすると、みちるさんの箱庭には、守りたいお城と、敵となる巨大動物群が現れるようになりました（写真3-3）。自分の感情が誰に向かっているのかが理解できてきたようです。

　箱庭で戦いを2回行ったあと、実際に家庭においても父親に対する抵抗が生じるようになりました。学校に行けと強引に部屋から引っ張り出そうとする父親に対して、部屋に要塞をつくってたてこもるという行動です。みちるさんが初めて見せた父親への具体的抵抗でした。

　気持ちを表現できるようになると箱庭からは、攻撃する動物はいなくなりました。その代わりに、中心に大きな木が生えてくるようになりました（写真3-4）。

　みちるさんは、感情面では、父親に対してだけではなく学校でもよい子を演じていたために自分の気持ちを友達に伝えることができなかったことにも気づいてきました。学校には行きたいけれどもあの学校には戻りたくないという気持ちも母親に話せるようになってきたのです。今のままの自分では、たとえ自己主張ができるようになったとしても、彼らが変わる可能性は低いことを感じたためです。

　なぜ、人からいろんなことを言われてしまうのか、言われたのになぜ言い返さないのかについても話し合いました。

　その場では言いたいことが思いつかないことがわかってきました。気持ちはあるけれど

もそれを文章にしたり相手がわかるようにタイミングよく伝えるということが苦手なのです。授業中にも同じことがあるかと尋ねると、授業の内容を理解するのに時間がかかると言います。自分のペースでゆっくり取り組んだり、わかりやすく噛み砕いてもらえれば理解できるけれども、まくしたてられると頭が真っ白になってしまうのだと。

気持ちはあっても、それをその場で表情に出すのが自分は苦手だということも理解できるようになりました。出せなかった気持ちのことで、家に帰って夜になるとじわっと苦しくなってくるというのです。

直面化が始まると、けがをした人が箱庭に登場するようになってきました。最初は、赤ちゃんが病院に運び込まれました（写真3－5）。自分の中の幼児性が傷ついたのかもしれません。その次の回では、腕の骨を折った青年が退院するところでした。病院で元気になったようです。

## 3 感情的な受容（第3課程）

みちるさんは、自分の特徴に気づくようになりました。視覚的な雰囲気として周囲の状況を受け止めるけれども、何が起こっているかを言葉で整理し、自分が言いたいことを言葉で表現するのは苦手だということでしょう。

一方、気持ちや考えを視覚的に表現することはよくできるということです。みちるさんは、自分らしい気持ちの表現や学校とのつきあい方ができるような学校を見つけたいという強い希望を持つようになり、母親と2人で、あちこち探して回るようになりました。おとなしい自分でがまんするのではなく、おとなしい自分を受け入れて生かしてくれる環境を探そうと思い立ったためです。

箱庭の中には、アパートが現れたり、新しい芽吹きが現れたりし始めました。子どもの守り神であるお地蔵様は、どこかに置かれています。

## 4 新しいソーシャルスキルの学習（第4課程）

みちるさんと行ったのは、自分の気持ちを形にすること、そして自分自身を守ることです。気持ちを言葉にするのはまだ苦手なようで、私が「こういう気持ちかな？」と聞くとうなずくことが続いていましたが、箱庭の中ではみごとに自分の考えやしたいこと、他者への気持ちを表現できるようになっていました。非言語のコミュニケーションスキルを教えることで、自分らしい自己表現の方法を学んでもらうことになりました。

また、自分の行動に自信を持つということも練習していきました。対立解消が必要でしたが、その1つとして積極的に逃げるということも教えていきました。相手に見切りをつけて決別するという選択です。

新しい学校を見つけて転校することについて、父親は大反対でした。「今いる場所から逃げてもまた同じことが起こる、逃げてはだめだ」の一点張りでした。みちるさんに、自己表現はできても、「どうせお父さんは聴いてくれない」という強い思い込みがあるため、話し合いには到底なりそうにありません。

1対1では難しいということになり、著者がミディエーターとなっての話し合いを行う

写真3-6

写真3-7

ことになりました。父親にも、なんとか家族にとっていい方向に持っていきたいという気持ちが強くあったため、「お父さんの真意をわかってもらうためにも、まずはみちるさんの言い分を黙って聴いてほしい」と伝えました。父親は、合意してくれました。

みちるさんは、一生懸命自分の気持ちを伝え、父親もみちるさんの言い分を聴いてくれるようになりました。しかし、聴いてはくれるけれども、なかなか理解はしてもらえないようでした。家庭では母親がミディエーターになり、みちるさんは何回か自分の気持ちをはっきりと言葉で伝えるようになったということです。この頃に作成したのが写真3-6です。さまざまな動物と母子の二子山が一緒になって、戦車軍と闘っています。

## 5　転校

数回の家族会議の後、妥協案が出されました。まず、みちるさんの両親が学校に出向き、学校の方針を聞く。それが、みちるさんに適していると思われる場合は、一度学校に行ってみる。学校の方針が適していないということであれば、転校の方向性を考えるというものでした。

学校は、不登校についての具体的な方策を持っておらず、保健室で預かりはするものの、転校していく生徒が多いということもわかり、父親も転校を認めてくれたのです。

転校が決まったときのみちるさんの箱庭は、道路が箱庭から外に向かって伸びていき、車がみな外に向かって出ていくというものでした（写真3-7）。

みちるさんは、転校し、最初は不安でいっぱいでしたが、担任の先生のちょっとした介入で友達ができるようになり、楽しく3年生を過ごして高校に進学していきました。

注　香川勇、長谷川望『子どもの絵が訴えるものとその意味』黎明書房、1997年

## 第4節

# 発達障害のある児童へのアンガーマネージメント

**内容**

アスペルガー障害のある児童、および ADHD のある児童への面接過程を紹介します。

**キーワード**

アスペルガー障害　場の認知の変容
危機介入としてのアンガーマネージメント
クーリングダウンの方法　認知変容面接
感情トレーニング

アンガーマネージメントの第4課程は、本人に必要な力を育てる段階です。
発達障害がある場合は、特性に合わせて、情緒面、道徳性、ストレスマネージメント、ソーシャルスキル等、継続的なかかわりが必要になります。専門機関とも連携しましょう。

---

アンガーマネージメントは「気づき」「知的理解」「感情的な受容」「新しい行動パターンの習得」「新しい行動パターンの定着」「終結」という段階を追って進みますが、発達障害のある子どもの場合には、行動特性によってどの段階に重点を置くかが変わってきます。

例えば、ADHD（注意欠陥多動性障害）児の場合には、考える前に行動してしまうという特性があるので、自分の行動特性に対する「気づき」に時間をかけます。刺激に対して反射的な行動が出やすいので、行動を意識化させることが大切だからです。

同時に、正しい行動を体験を通して身体に覚えさせていきます。記憶は、「感覚記憶➡作業記憶➡意味記憶」と進むため、行動を意味づけながら覚えさせていくと定着しやすいからです。

日常生活では、「今何してるの？」「今は何するとき？」「あと1分でその作業は終わりますよ」などと声がけを行って、行動を意識化させていきます。

「何をしたいか」が理解できるようになったら、「これをしたらどうなるか」という行動予測や状況判断、自分の行動に対する相手の気持ちや反応などの他者理解を進める「知的な理解」の段階に入ります。小学校高学年程度になると、具体的な体験がなくても「こうなるだろう」「こういう気持ちだろう」と考

えをめぐらせることができますが、実際に体験しないと理解しにくい子どもや、知的障害がある場合には、ロールプレイや絵などを用いたシミュレーションを通じて、わかりやすく丁寧に行動の意味づけをしていきます。

状況判断ができるようになったら「新しい行動を学習」する段階に進みます。同じ刺激に出合っても、今までとは違う考え方をして違う行動を選べるように毎日の生活場面で練習していくのです。これは、個別のセラピーや学校での個別指導などで集中的に行うと同時に、日常の生活場面でも練習を続けると定着しやすくなります。

一方、アスペルガー障害や高機能自閉症など、自分の考え方に固執しやすい場合には、視野を広げることで、「できていることへの気づき」や「周囲の人の気持ちへの気づき」を広げていき、「感情的な理解」を深めることが重点になります。その上で、新しい体験から認知の変容を進めることになっていきます。

では、それぞれの障害の行動特性に合わせたアンガーマネージメントの事例を紹介しましょう。

```
事例1
アスペルガー障害のある小学生への
アンガーマネージメント
```

太郎くんは、言語性LDを併せ持つアスペルガー障害の小学校4年生です。2年生で転校してきたときは、不安の裏返しで挨拶代わりにクラスメートをたたいて回ったり、口ごもるとつばを口にためて泡をつくって不潔だといやがられたり、苦手な人が近づいて来ると驚いてつばを吹きかけてしまうこともありました。さまざまな音や視覚、触覚からの刺激に弱く、恐怖心から大声をあげて逃げ回る様子も見られました。

保護者の障害への理解と対応への協力が十分に得られる家族であったため、3年生から2年間、アンガーマネージメントと感情教育を導入することにより、5年生では、支援員に頼ることなく感情のコントロールができるようになった事例です。

この事例では、感情教育の進め方と、実際にキレた直後にどのように整理するかを説明していきます。

### (1) 事件直後の対応方法

太郎くんが、教室の外の廊下で先生と言い争っています。校長先生が駆けつけ、校長室に連れていくところでした。太郎くんは興奮して叫び続けていますが、校長室に入ると、素直に椅子に座りました。

以前は、校長室を見るだけで「牢屋はいやです〜！ 教室に行かせろ〜！」と叫んでいました。転校当初、教室でたびたび興奮していた太郎くんは、クーリングダウンのために校長室に連れていかれてはお説教をされていたので、校長室に来るといやな思いをすると思い込んでいたためです。

まず校長室の認識を変えるために、スクールカウンセラー（以下、SC）が直面化の面接を実施しました。

### (2) 校長室に対する認知の変容

太郎「帰る〜！　帰せ〜！　牢屋はいやだ〜！　おまわりさ〜ん」

校長「太郎くん、ここは校長室です。落ち着いたら次の時間から教室に帰ります」

　太郎くんは無視して、走り回り、隣の職員室に行くドアから抜け出そうとしたり、椅子を持ち上げて校長先生を威嚇したりします。話しかけようとすると、さえぎるように叫び、強い拒絶の姿勢を示し続けました。決して目を合わせようとはしません。

### (3) 認知の変容

　そこで、まずＳＣが行ったのは、アンガーマネージメントによる認知の変容のための面接です。太郎くんの衝動的行動のもとになっているのは、「校長室は牢屋だ」という被害意識、「先生たちはみんな自分のいやなことをやらせる」という過度な一般化です。

　太郎くんには、触覚防衛の強さもあるため、「過大評価」もつきまといます。ちょっとした刺激が大げさに感じられてしまうのです。この段階で興奮している身体的症状を落ち着かせようとしても難しいので、アンガーマネージメントではこれらの認知のゆがみを修正することで感情を変容させていきます。

　　（以下、ＳはＳＣ、太は太郎くん）

Ｓ　先生（ＳＣ）は太郎くんの味方ですよ。
太　うそだ〜。出せ〜。
＊ここで、太郎くんがちゃんとこちらの話を聞いていることに注目する。
Ｓ　信じていいよ。次の時間には教室に行けるように、先生がお手伝いするね。
太　じゃ、すぐに出せ。
Ｓ　じゃ、まず座ってください。
太　そうやって、閉じ込めるんだ！　このうそつきめ！

　太郎くんはそう言ってドアに突進していきました。ＳＣはドアの前に立ち、すっと椅子をドアの前に置いて、自分が座り、突進してくる太郎くんを受け止めるとそのままひざに座らせました。太郎くんは暴れて、座ったまま頭突きをしようとしましたが、ＳＣは安全に拘束する方法をとっているので、頭には当たりません。興奮していて身体からアドレナリンが出すぎている様子なので、身体の暴走を止めるためには身体的な拘束によるクーリングダウンも必要になります。

Ｓ　はい。座れたね。今から１分、このまま頑張るよ。そしたら今日はおしまい。
＊太郎くんの目の前に腕時計を出す。

太郎くんが秒針が動くのを目で追い始めたのがわかりました。太郎くんは、急に体の力が抜けて、きょとんとしています。

S　（＊あと10秒になったときに静かにカウントダウンを始める。）はい。目をつぶってごらん。9、8……。
＊0になるときには、太郎くんの呼吸は落ち着いてきていた。
S　はい。よくがまんできました。もう教室に帰っていいですよ。
太　いいの？
S　先生は味方だって言ったでしょ？　太郎くんが落ち着いたら帰れるよ。ここは、そのためのお助けマンの部屋なんだよ。
太　……。（＊きょとんとしている。）
S　教室に帰ろう。
＊手をつないで教室に連れて行きながら、廊下で約束をする。
S　教室に行って、次郎くんとけんかにならないためには、今日は、次郎くんには近づかないっていうお約束してくれる？　次郎くんにもそう伝えるから。
太　……。
S　それとね、教室に帰ったらあと10分くらいで休み時間だから、楽しいことをしたいね。何がいい？
太　一輪車！
S　わかった。じゃあ、授業の片付けを早く終わらせてね。廊下で待ってるから。

　太郎くんは、ＳＣの陰に隠れて教室に入り、そっと自分の席に着くと、教科書を立てて10分間ノートに何かを書いていましたが、次郎くんとぶつかることもなく過ごしました。
　教室に入ると、まわりの子が「どうしたの？」という顔で太郎くんを見たので、ＳＣがだいじょうぶのサインを指でつくって微笑みかけると、安心して周囲も授業に戻りました。
　休み時間に次郎くんのところに行き、「太郎くんはまだ今日は謝れそうにないけど、もういやな言葉は言わないと約束をしたので、今日は太郎くんのそばには行かないであげてくれる？」とお願いしました。次郎くんは「しょうがないな」と言いつつもＯＫしてくれました。
　周囲がＳＣの働きかけに応じてくれるのは、クラス全体に太郎くんに対してのノーマライゼーションができているためです。転校以来、さまざまなトラブルがあるたびに、太郎くん

の言葉の遅れや気持ちを上手に伝えられない特性について説明をし、太郎くんが荒れているときは、どういうことが不安なのか、どうしたら落ち着くのかということを伝えてきたので、今は「こういうことだったんだよ」と教えてあげると、子どもたちは安心して、太郎くんへの恐怖心よりも共感を持ってくれるようになったのです。

### (4) クーリングダウンをするための部屋の必要性

この事例は、特別支援教育が始まる5〜6年前のものですので、発達障害に対する知識も理解も少なく、学校の設備として特別支援のための教室もありませんでした。できればクーリングダウンのための部屋を用意し、その中にはクッションを置くなど、子どもが安全に落ち着けるようにしておくことをお勧めします。

### (5) 4年生

3年生では、環境調整として先生に助けを求める、興奮したらクーリングダウンする部屋に行くことを約束しました。

家庭や面接場面では、感情を育てるトレーニングとして「表情ポスター　今日の気分は？[1)]」を使って気持ちをモニターし、感情の分化を促すと同時に感覚を開くことをしていきました。例えば、偏食を減らす、苦手な視覚刺激に慣れていく、音楽室では1つの音だけを聴くなどの練習です。偏食対応には、給食のメニューを家でチェックしてもらい、どれをどのくらい食べるという約束をしました。できた日には、夕食に太郎くんの好きなおかずが出ます。

苦手な蝶や色彩のきわだったものに慣れるために、面接時に緩和した色合いのものを見ることから始め、絵、写真、模型、実物へと慣らしていきました。これは、恐怖を軽減するための系統的脱感さ法の応用です。ちょうちょは、写真や止まっているものまでは大丈夫になりましたが、急に出合ったり、飛んでいる姿を見るとパニックになるので、見つけたら目を閉じてその場に座るという対応策も学んでいきました。

太郎くんの衝動性が収まってきたのと、何より太郎くんが努力している姿がクラスメートに伝わり、友達も増えました。

ところが、4年生でクラス替えになり、担任の先生が替わった段階でまたトラブルが続出するようになったのです。

### (6) 先生なんて勝手だ！

7月のある日、太郎くんは校長室に連れてこられました。SCが「どうしたの？」と尋ねても、興奮して話せそうにありません。SCがいつものようにお絵かき帳を渡すと、鉛筆で写真4-1の絵を描きました。なんだかとても興奮しています。画面中央は、ロケット

か剣のようなものがぶつかり合い、黒い煙が上がっています。画面下には、○を×にした絵や地雷のようなものがいくつもあります。これは、どうやら表面上のトラブルだけではなくて、ためこんでいるものがありそうです。

そこで、少し落ち着いてきた段階で、何が起こったのかを4コマ漫画にしてもらいました（写真4-2）。中央に天秤のようなもの、右側に4コマ漫画、その周りには○×が連なっています。ここを書き終えたときに、何があったのかを説明してもらいました。すると、

「テストが返されたので、ぼくが先生に文句を言ったら、先生が『うるさい』と怒りだしたので、言い返したら、ぼくのテストのことをみんなの前で言われて、結局女子たちにもばかにされて、へこんでしまった」

と言うのです。太郎くんはこの時期には落ち着いており、自分の表面上の気持ちと本当の気持ちを分けて考えるトレーニングもできている段階でしたから、へこんだという表現ができているのですが、教室では文句を言い続けて、廊下に出されてしまったということでした。それで、クーリングダウンをしたいと言

**写真4-1　教室で先生とぶつかった直後の絵**

**写真4-2　キレた背景を4コマ漫画で**

**写真4-3　写真4-2の右側の拡大（起こった背景を探る）**

って校長室に来ていたのです。

　テスト内容を聞いてみると、写真4-3のようなことでした。先生は、「丁寧に書きなさい」と言ったので、太郎くんは、言われたとおりにみんなに読みやすいように丁寧に漢字を書いたそうです。これは、アスペルガーや言語の発達が遅れている子どもの特徴で、言外の意味を取ることが苦手なのです。

　太郎くんが写真の下のように「成」という字を書いたら、先生は「はね」「はらい」のところにそれぞれマイナス1点をつけたそうです。先生は正しい字を書くということを教えたかったそうですが、太郎くんとしては、「先生の指示通りに丁寧に書いたのに……」と、納得がいかないわけです。

　そこで、「太郎くんは先生の指示は正しく聞いたけれども、先生の意図は『正しい漢字を書いてほしい』ということだったようだ」と伝えると、「それなら、今度はそう言ってくれるように言ってきます」と息まいているので、ちょっと落ち着かせました。地雷はまだいくつかあるので、整理していかないと、先生とまたぶつかる可能性があったからです。

　そこで、最初の絵（写真4-1）を示して、「ここにいくつか地雷があるのが、先生（SC）は気になるんだけど、他にも何かイライラすることあった？」と尋ねると、「実は……」と新しい絵を描きだしました。

　昨日、水泳があったのに前の授業が長引いて急いで着替えなくてはならなかったとき、

**写真4-4　写真4-2の左上部分の拡大**
**（引き金になった背景をさらに探る）**

漢字の止め、はねが急に細かくなった先生。

女子は、教室でそのまま着替えられるのに、男子は遠くの理科室に行って、狭いところで押し合いへし合いしながら着替えをしていたと言うのです。自分のタオルやら上着やらが散乱するので、整理が苦手な太郎くんはイライラが募っているところに、出口から急いで出ようとしたらまた押し合いへし合いになってしまい、みんな遅れたそうです。

　男子が遅れたことを先生に叱られて、女子はすでにシャワーを浴びているのに男子だけ残されたので、「うるさ～い。おしゃべりはいいから早く入れろ～」とわめいてしまいました。すると「うるさいのはお前だ。今日は、もうプールには入るな」と怒られてしまったとのことでした。結局、一番最後にシャワーを浴びさせてもらって、入ることはできたのですが、ぶつぶつ言い続けて、そのたびに先生に叱られたようです。

　SCは、このエピソードを聴き、太郎くんの担任の先生に対する怒りは正当なものだと共感しました。授業を長引かせたのは担任の

先生だし、遅れたことをプールの先生には伝えてくれていなかったわけだし、太郎くんからすると強い女子ばかりが優遇されるのに抗議したいのももっともなことです。

共感しながら聴いていき、「どうする？ 先生に自分の言い分を伝える？」と言うと、「テストのときの指示だけ、はっきりぼくにわかるように言ってくれればいいです」という返事。あれ？と思って「いいんだよ。ちゃんと先生とお話しする機会をつくれるよ」と言ってみると、「だって、授業が遅くなったのは、みんなの作業が遅かったわけだし、プールの先生に怒鳴っちゃったのは、いけないですから」と神妙な顔つきになっています。

あまりの神妙さがとてもかわいく、「えらいね」と頭をなでてあげると、「えへ」と照れ笑いをしていました。太郎くんは、先生が怒ったのは、自分の怒鳴るという行動であり、自分がすべて否定されたわけではないということをきちんと分けて考えることができていたのです。

教室に帰るためには、これから具体的にどんな行動をするかを決める必要があるため、楽し

**写真4-5　教室に帰る前に楽しいことを思い浮かべる**

**写真4-6　整理できて、ほっとしたあとの絵**

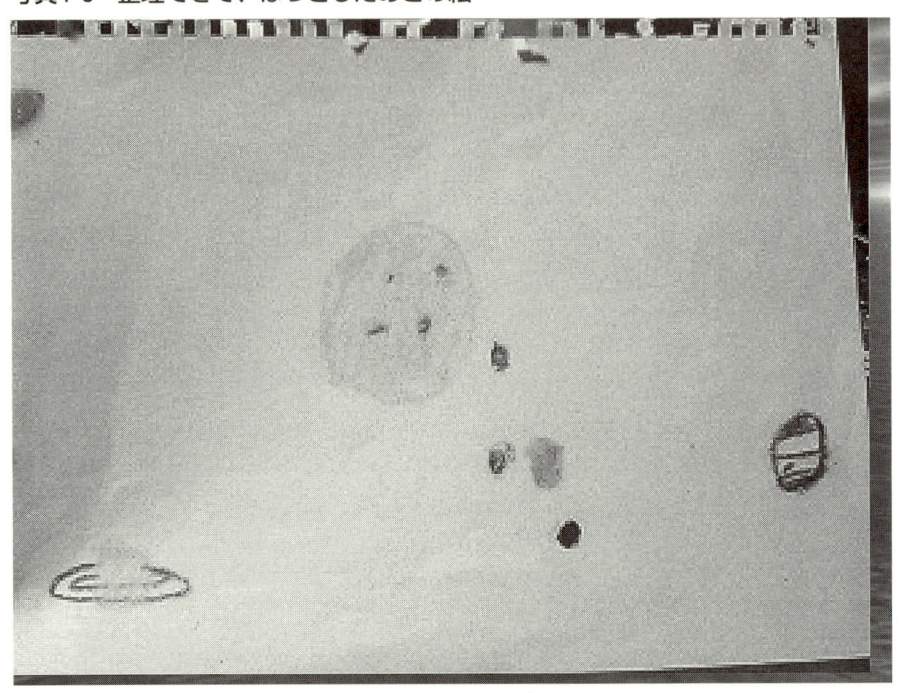

いことを思い浮かべてもらうことにしました。
「休み時間はお友達とどんなお話しするの?」と尋ねると、「今は、4色ボールペンがはやりです」と言って写真4-4の絵を描いてくれました。3年生までマル付けは赤い鉛筆だったのですが、4年生になって、先生がいろんな色を使って黒板を書くので、ボールペンを使うようになったのです。

お友達の髪の毛の特徴をよくとらえ、2人が同じ話をしている様子が吹き出しの様子からとてもよくわかります。友達と話を分かち合ったり、共感するということもできるようになっていることがわかる絵です。これにも思わず「すごいね〜。こんなふうにできるようになってきたんだね」とほめると、きょとんとしながら、「はい。お話しするときはいつもこんな感じですけど」と淡々と話していました。

最後に、「じゃあ、今の気持ちを絵にしてから帰ろう」と伝えると、クレヨンを取り出して、写真4-5のような絵を描きました。ストロークの乱れはすっかり消え、中央におっとりした顔のお月様が照れ笑いをしているように見えます。右下に一方通行の出口のようなマークがあるのは、自分なりにストップをかけようという意思の表れなのでしょう。この絵を見て、SCはもうだいじょうぶだと判断し、教室に戻しました。

**(7) 太郎くんへの感情トレーニング**
① 感情トレーニングの内容
太郎くんに必要なのは、感情のネーミングによる気持ちの分化、気持ちのバランスをとること、そして、気持ちを味わえるようになるということでした。

流れは、「表情ポスター」による気持ちのモニタリング、気持ちの量を数字にする、自分と人の気持ちを比較する、表現された気持ちと本当の気持ちの理解、およびイライラしたときや不快な気持ちになったときに緩和ができるようになることでした。これらのワークは、拙著『キレやすい子へのソーシャルスキル教育』(ほんの森出版、2007年) にワークシートがありますので参照してください。

② 太郎くんの感情の芽生え
アンガーマネージメントを開始したばかりの頃は、「今日の気分は?」では、一番激しくイラっとしている顔や、ニコニコの顔を選ぶことが多く、作業への取り組みも鉛筆でさらっと書いて、はいおしまいということが多くありました。

学級でグループごとに「私たちの町をかく」という作業をしていたときのことです。これはグループでの活動でしたが、太郎くんはグループ活動が苦手だったので、併行遊びとして、グループには一緒にいるけれども、同じものを1人で描くということをしていました。

周囲はいろいろ話し合ったりお互いに色を塗り合ったりしているのに、太郎くんは指示に対して言われたとおりに記号で町を書いてすぐに終わっていました。

また、直面化の段階で、みんなから「暴力をふるわれたりいやなことを言われると、せっかく友達なのに悲しくなる」と言われても、悲しいという気持ちが理解できずにいました。そこで、家庭で母親自身に今の気持ちをどん

どん伝えてもらうようにしていくと、母親が太郎くんが学校でトラブルを起こした後に「悲しい」と涙ぐむのを見て、泣くのはどこかが痛いときなので、「今お母さんは心が痛いのだ」ということをしだいに理解していくようになりました。

母親が涙ぐむと、はじめの頃は不安になって、ひざに乗ったり胸を触ったりして落ち着こうと赤ちゃん返りをしていた太郎くんですが、母親がきちんと気持ちを言葉にしていくのを聴いたり、太郎くんが「怒ってるの？」と思っても実は母親は「残念だ」という気持ちだったということをフィードバックされていくうちに、相手の気持ちを理解することに関して不安が減ってきました。

最初は、触覚防衛が高いため、他者の気持ちが変化すると不安になり、自閉的になったり攻撃的になったりしていたのですが、感覚が開かれていくようになると、しだいに相手の気持ちを感じても不安に陥らないようになっていきました。教室内でも、太郎くんの作品に周囲が興味を持ってくれることが多く、暴力的にさえならなければ楽しく過ごせる時間が増えていきました。

先の事件が起きたのは、トレーニングの中盤の頃です。1つ1つのトラブルを解消していく力がつくと同時に、食育も成功してきて苦手な食べ物が減ってくるようになってきた頃です。

この頃から、プレイセラピーではできるだけクレヨンや和紙のように手ざわりのやわらかいものを使用するようにして、感性をそのまま作品にできるようにしていきました。例えば、真鍮のじょうろにドライフラワーを生け、これを「そっくりに描いてください」というテーマで描いてもらいました。最初は、「無理です」と拒否されましたが、さわってみる、見てみる、を繰り返すうちに、あるときふと「あ、光の影が見える」という瞬間が出てきました。真鍮のじょうろに施されたひまわりのレリーフが光にかざされて緑に見えたのです。

太郎くんの表情はそこから真剣になり、じっとじょうろを見ては、絵と見比べるということをし始めました。色も混ぜ合わせ始め、「葉っぱが光ってるのって、どうやって描くの？」と聞いてくるようにもなりました。ただし、花の中央のとげとげしたところは苦手らしく単に横に茶色く塗ってあるだけでした。そこで、「ここさわってみようか」と、ＳＣが一緒に触れて「どんな感じがする？」と尋ねると、「うえ〜」と口をへの字にして「ちくちく〜」と言います。「じゃあ、そのちくちくを描いたらどうなる？」と言うと「ちくちく、ちくちく」と言いながら、縦の短い線をたくさん描き始めたのです。立体感が出てきた瞬間でした。さわったものを言葉にして表現するということができてきたのです。

学校生活でも、この頃からお友達の気持ちがわかるようになり、作文にも気持ちが少しずつ書かれるようになってきたとのことでした。

> 事例2
> ADHD児への
> アンガーマネージメント

　ADHDと翔くんのアンガーマネージメントがどのように進んだかを、段階を追って紹介してみましょう。

　翔くんは、小学校2年生。知能は標準領域。いろいろなことに興味関心があり、外からの刺激に影響されやすい子です。母親や先生から伝えられた問題行動は、不安になると「うそつき〜」「ばか女〜」「ふざけるな〜」というような暴言が出て止まらなくなるというものでした。

**ステップ1　気づき（第1課程）**
　トレーニング開始直後は、翔くんは部屋の温度、光の具合など、ちょっとした刺激に過敏に反応して、いつも目がカッと開いてキョロキョロ動いていました。

　「気づき」は「自分は何をしているのか」に注目していないことに気づかせるところから始まります。ただし、「○○ができていない」ということを指摘されると否定的な刺激に反応しやすい特徴もありますので、「できている」ことに気づかせるために、身体の一部だけを動かす運動を使って「注意を集中させる」遊びをしました。

　例えば、相手と同じ手を出す「まねっこじゃんけん」、相手に負ける手を出したら勝てる「負けじゃんけん」などです。翔くんが好きなポケモンのカードを一瞬だけ見せてさっと隠し、「今のはな〜んだ」と尋ねていく、CDでいろいろな音（風鈴、風、クーラーの音など）を聞いてもらって、音を出しているものの写真を選ぶ、といった活動です。

　活動のあと、「どうやったらよく見えたか」「よく聞こえたか」を振り返り、自分ができていたときの「身体の様子」「気持ちの様子」などを意識化させていきます。この活動には、「感覚統合トレーニング」の要素も含まれています。自分の行動をコントロールしにくい子どもは感覚統合がうまくできていないことが多いからです。

　翔くんはこの活動を通じて「自分が衝動的になってしまうときは、何をするのかを忘れて刺激に反応していたからだ」ということに気づくようになっていきました。

**ステップ2　知的な理解（第2課程）**
　この段階では、「これをしたらどうなるか」「なぜこうなったのか」の2つの状況理解を促します。翔くんは、冷静になるとなぜそうなったのかは振り返ることができるのですが、

**図3-2 日常のトラブルを集めるカード**

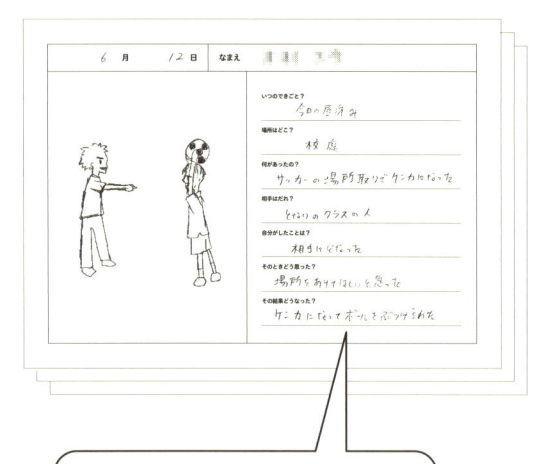

- いつのできごと？
- 場所はどこ？
- 何があったの？
- 相手はだれ？
- 自分がしたことは？
- そのときどう思った？
- その結果どうなった？

その場では先の見通しを立てた行動ができませんでした。

そこで、日常のトラブルを集めてきてもらい、図3-2のようなカードに絵と字で整理するようにしました。

「出来事」があると「どんな気持ち」になって「どういう行動」をしてしまうのかを理解するためです。次に、どこを変えれば行動が変わるのかを考えていきます。「気持ち」を変える場合、「考え方」や「状況のとらえ方」を変える場合、「違う行動」をする場合などです。

また、トラブル場面を描いたカードを見せて、「これからどうなるの？」を予測する練習もしていきました。面接場面では「こうすればいいんだよ」と言葉で言えるのに、実際の場面では翔くんは「どうせだめなんだ」と逃げ出したり暴言になったりが繰り返されました。ここで次の感情的理解に進みました。

**ステップ3　感情的な理解・受容（第3課程）**

ここでは、自分が本当に実現したいことは何かを受け止めます。トラブル場面の「気持ち」に注目しながら「逃げたい」他にどんな気持ちがあるのかをプラスとマイナスに分けて絵の中に書いてもらうようにしました。プラスとしては「やりたい」「楽しくしたい」、マイナスとしては「できないかもしれない」「ばかにされる」「悔しい」などが出ました。

どの気持ちになりたいのかを指差してもらうと「楽しくしたい」でした。「でもできないんだよ。無理なんだよ。どうせぼくなんか、ダメ男なんだ！」翔くんは泣き出しながらも「楽しくなりたい」という文字をキッとにらんでいました。

「翔くんはあきらめたいの？　楽しくなりたいの？」と問いかけると「楽しくなりたいに決まってるだろ！」と怒っています。「だけど……」「だったら、それを実現できるのは、

翔くんだけなんだよ」。翔くんはきょとんとしました。「自分の気持ちを大切にして、実現してあげられるのは翔くん自身なんだよ。君にはその力があるんだよ」ともう一度言うと、翔くんはじっと私を見つめていました。しばらく黙っていましたが、やがてぽつんと「できるのかなあ」とつぶやきました。私は、にっこり笑って「もうできてるよ。今、翔くんは、自分のいやな気持ちよりもやりたい気持ちを大事にしてるでしょ」と言うと、「あ……」とうれしそうな表情を見せました。「その感覚を覚えておいてね」。

　感情的な理解のステップでは、本人の気持ちの両価性に着目します。悪い行動を引き起こすほうに流れそうな気持ちと、望ましい行動につながる気持ちの狭間で、子どもたちは葛藤しているからです。分かれ道でどちらに進むのかを選ぶのは本人です。このステップの重要性は、「二度といやな思いはしたくない」という踏みとどまる力を育てるところです。面接でもこの例のように、その場でさまざまな逃げや衝動性などが生じやすくなりますが、その1つ1つを丁寧に取り上げながら、その場での行動変容につなげて自信をつけていくことが大切です。

### ステップ4　新しい行動パターンの習得と定着
（第4・第5課程）

　翔くんは、自分の課題は、イライラしているときに「自分が本当になりたい気持ち」を持ち続ける力だと理解しました。そこで、うまくできているときと比較していくと、「ぼくは苦しくなると体が熱くなってしまうので、それから逃げたくなって、悪口を言ったり逃げたりしてる。だから、そっちに行かないように、誰かに助けてほしい」と言い出しました。

　そこで、まず衝動的になりそうなときに、「先生に助けを求める」ことから始めました。サインを決めてタイムアウトをとる場所を決めてもらいました。次に、活動中に「友達に助けを求める」練習をしました。これは、担任の先生の協力のもとで、グループ活動の中で協力を必要とする作業を取り入れてもらうようにしました。みんなが気軽に「ここ、教えて」「それ貸して」と言い合える雰囲気をつくってもらう中で、翔くんも困ったときに「助けて」「どうしたらいい？」が言えるようになっていきました。

　翔くんには、この他に最初の気づきの段階から「ストレスマネージメント」として深呼吸やタイムアウト、気分転換などを練習しており、また、「知的な理解」でさまざまな場面での言葉がけなどのスキルも導入していたので、行動パターン習得の段階になると、それらの力が一気に使えるようになりました。ストレス場面でも気持ちを持ちこたえることができるようになり、そんな翔くんを見て友達が「すごいね」「頑張ってるね」と認めてくれるようにもなり、関係が安定していきました。

　アンガーマネージメントは、年齢や状況に応じて個人で行う場合とグループで行う場合があります。進め方の詳細やツールの使い方などについては拙著『キレやすい子へのソーシャルスキル教育』（ほんの森出版、2007年）をご参照ください。

ワークシート5　日常のトラブルを集めるカード（記入用）

| 何がありましたか？<br>（ひきがねのできごと） | |
|---|---|
| 自分は、そのとき<br>何をしましたか？ | |
| その結果<br>どんなことが<br>おこりましたか？ | 自分は、 |
| | 相手は、 |
| どんな気持ちですか？<br>　（そのとき）<br>　（今） | |
| 本当は、どうしたかっ<br>たのでしょう？<br>（うまくいかなかったと<br>きは振り返りましょう） | |
| どうやって、<br>解決したいですか？ | |

## 第5節
# 非行・プチ家出の少女たちへの短期集中型自己受容面接

**内容**
家出中の少女2人を短期集中的に面接して、気持ちを整理し、自分が家族に何をわかってもらいたいのかを理解するための支援をした事例です。

**キーワード**
非行　プチ家出　親からの自立
家族の願いと自分らしさの葛藤　共依存
自分らしい生き方の模索

非行や家出の場合には、短期集中で面接をする必要があります。安全な場所の確保、家族の理解など、危機介入の手法も活用しながら行います。1人でかかえこまず、チーム対応をすることをお勧めします。

### 1　引かれ合う彩花さんと裕子さん

彩花さんと裕子さんが家出をしたのは中学校3年生の秋でした。

彩花さんの両親は離婚していて、彼女は母親と暮らしていました。しかし、離婚した父親と仲が良く、父親のところに行ってお小遣いをもらっては遊び歩いていますが、母親は彩花さんに何も言えませんでした。

裕子さんの両親はしつけが厳しく、小学校まで家にはテレビがありませんでした。裕子さんには姉がいるのですが、厳しい両親に反抗し、高校中退で劇団に入って家を出たため、両親の期待は裕子さん1人に向かうこととなりました。

裕子さんも親思いで、反抗する姉をはじめはばかにしていましたが、中学校3年生になって進学先を選ぶようになってから、両親が自分を見ていないことに気づくようになりました。親が、「姉のようになってはいけない。あの子は失敗した」と繰り返すため、はじめは裕子さんも姉のようにはなるまいと思っていました。しかししだいに、自分は姉の身代わりで本当は両親は姉に期待をしていたのではないのかという疑問が生じてしまったのです。

そんな頃、夏休みに塾で、別の中学から来

ている彩花さんと出会いました。成績順に座らされる塾では、裕子さんは最前列でしたが、彩花さんは一番後ろでした。裕子さんは、いつも先生に「おまえはやる気があるのか」と叱られながらも妙に明るくくったくのない彩花さんが気になっていました。

あるとき、家に帰るのがいやでコンビニで雑誌を読んでいた裕子さんに彩花さんが声をかけ、以来２人は意気投合するようになります。はじめは彩花さんが裕子さんから勉強を習うために居残りをしたり、ファストフード店でおしゃべりしたりでしたが、夏休みの後半、２人で繁華街で遊んでいるところを大学生らしき男性に声をかけられ、クラブに誘われたのです。彩花さんは何度か行ったことがありましたが、裕子さんは初めてでした。女性同伴だと半額になるらしく、誘われるままに２人はクラブへ向かいました。裕子さんは、家には彩花さんの家に泊まると電話し、結局、朝まで踊って家に戻ったのは翌日でした。夏休み中、同じようなことが数回あり、裕子さんの成績は下がる一方でした。

### 2　漂うような２人の家出

裕子さんの両親がそのことに気づいたのは、９月の模試の結果が出たあとでした。成績が急降下したことを知った両親が裕子さんを問い詰めると、彼女は無言のまま聞いていましたが、翌日学校に出かけると言ったまま家に戻らなくなったのです。２日たっても連絡がとれず、両親はあわてて彩花さんの家に連絡を入れましたが、彩花さんはしょっちゅうそういうことがあるので、母親は気にしていなかったそうです。

彩花さんの母親と裕子さんの両親が私のところに相談に来たのはこのときでした。

### 3　２人と２人の家族

私は彩花さんの学校のスクールカウンセラー（以下、ＳＣ）で、彩花さんとは面識がありました。友達と一緒に休み時間に遊びに来たり、廊下ですれ違うときも妙に人なつっこく話しかけてくるので、一度話をしようと夏休み前に時間をとっていたためです。その

ときは、受験しないで芸能関係に進みたいけど、ルックスも才能もないし勉強嫌いだからどうしようかというような話でした。雰囲気から男性関係も危ぶまれたため、緊急用のSC電話の番号を教え、夏休み中に相談があったら連絡するように伝えておいたのです。

9月に入って廊下ですれ違ったときは、髪型も派手になっていて、テンションの高さが気になりました。しかし、新学期の相談室は夏のさまざまなトラブルの後処理相談でごった返しており、彩花さんをつかまえることはできませんでした。保護者からの相談も、それまで学校には一切ありませんでした。

保護者から彩花さんの携帯に連絡を入れても返事がなく（着信拒否にはしていない）、裕子さんの親には、警察に連絡したら二度と家には帰らないと連絡があったと言います。

しかし、状況を聞くと、彩花さんも裕子さんも家に帰るつもりはあるようです。

そこで、それぞれの家庭の事情を聴き、2人が家に帰りやすい状況をつくることを最優先にすることにしました。つまり、日常生活を通常通りに進めてもらい、2人が帰ってきたら日常通りに接するということです。

2人が家を出て1週間後、彩花さんから私に連絡が入りました。「もうお金がない。裕子という子と一緒にいるが、裕子はどうしても家には帰りたくないと言っている。自分の家に連れて行ってもいいが、親がすぐに来るだろうから、先生のところで裕子を預かってくれ」という相談でした。

この唐突さは彩花さんのいつものパターンですが、即答しないと、彩花さんの性格では別を当たることになるでしょう。私は私営の相談室での業務中だったので、2人ですぐにそこに来るように伝えると、1時間ほどして男性の車に乗った2人が現れました。

車から降りてきた男性は、白いエナメルの靴にだぼついたスーツという出で立ちです。えらく丁寧にお辞儀をされたあと、彩花さんに「じゃ、またな」と挨拶して帰っていきました。その道の人らしいことは、一目でわかります。彩花さんとはつきあいが長そうですが、裕子さんをもてあまして預けに来たというのが本音でしょう。

彩花さんは安堵した表情でテヘッと舌を出し、裕子さんはうつむいて相談室に入ってきました。事情を聞くと、「長い話なんだけどさ〜」と、彩花さんが裕子さんとの出会いから夏休みのことを話し始めました。さっきの男性のことを尋ねると、「彼氏」と言います。

父親にも相談はしたけれど、「裕子を早く家に帰せ」の一点張りで、電話にもろくに出なくなり、最後には、先月子どもが生まれたから、新しい家族をあまり引っかき回さないでほしいと言われたそうです。「大人なんていい加減だ。都合が悪くなると逃げるばっかり」。彩花さんの怒りは、子どもとまともに向かい合えない両親に向かっていました。

裕子さんからも話を聴くと、もう家には帰りたくないと言います。「あの家では窒息する。だからお姉ちゃんは家を出たんだ。お姉ちゃんに連絡しようとしたが、連絡先がわからない。私も高校には行かないで、家を出て働こうかとも思うが、中学卒業ではいい就職先もないし、まだアパートに住むにも仕事するにも保証人がいる。先生が保証人になってくれないか」と言い出す始末です。投げやり

になっていて、視線も合せわなくなっていました。

この2人に必要なのは、状況を受け止め、ありのままの自分を自己受容することです。今は、どうしても家には帰りたくないという裕子さんでしたが、気持ちを整理して今後の対策を立てることには同意しました。

そこで、集中してアンガーマネージメントを行う必要性があるため、2人とも一時的に彩花さんの家に預かってもらい、毎日相談室に通って心の整理をしてはどうかという提案をしました。2人が合意したので、2人の親を呼んで話をすることにしました。裕子さんは会いたがりませんでしたが、自分で意思を伝えることを勧めると、「しばらく彩花の家にいる」と言い放ちました。

裕子さんの母親は、「1回許したら二度と帰ってこないので、絶対に連れて帰って説得する」と言い張りましたが、「縛れば縛るほど子どもは遠くに行きますよ。必ず帰ってきますから、ここはお子さんを信頼してあげてください」と伝えて帰っていただきました。

## 4 気づき（第1課程）

気づきの面接は、2人一緒に行いました。急激な密着生活により一時的な共依存関係に陥っており、自分と相手の考えや感情が混在してしまっていたためです。1人が話すと、もう1人が付け加えたり、こちらが気持ちをまとめると同時に「そう！」とうなずいたり、みごとにシンクロしていました。

この段階で行わなければならないのは、一人ひとりを分離することです。しかし、急激に話すと不安と抵抗が生じるため、同時に話を進めながら、微妙に食い違う感情や考えを拾って一人ひとりに返していくという作業が続きました。気づきの段階でそれぞれが気づいたのは、以下のことでした。

### (1) 彩花さんの気づき

「外で遊び歩くのは、家にいたくないから。楽しい気分になりたい。家にいると重い気分になる。母親がそばにいるだけでイライラする。母親は黙って耐える女を演じているようでいやだ。じっと弱い女を演じることで、私が同情してそばにいると思っている。

母親は何もしていないのに、母親から支配されているように思えてぞっとする。父親と別れた頃はそうでもなかった。自分と母親を置いて浮気した父親を恨んでいたので、1人でパートしながら自分を育てようとしている母親を支えようと明るい話題を持って帰っていた。

小5のとき、父親を訪ねた。自分に似た明るい人だった。訪ねていくと、デートしてくれたりお小遣いをくれたりするようになった。携帯も買ってくれたが、母親にそのことを言うと、母親は私を責めるでもなく1人で泣いた。そのとき、母親は自分自身しか愛してい

ないのだということを痛感した。

以来、夜遊びを始めた。髪を染めたり、廊下でたむろしたり、授業中に寝たり、学校でもいろいろ悪さをしてみたが、誰も本気でかかわろうとしてこない。たまに声をかけても、『ちゃんと教室行けよ～』と言うくらいで、人ときちんと向き合う教師はいなかった。こわがっているふうでもなく、どうせあいつはたいしたことできるわけがないという目でさげすんでいるのがわかる。

実際、勉強もスタイルも自慢できるところは１つもない。遊んでもＡＶにさえ誘われないなんて喜劇だよね」

### (2) 裕子さんの気づき

「外で遊び歩きたいわけではない。本当は家の中が好き。あの家にいると自分が誰なのかがわからなくなるから、今は帰りたくないだけ。姉は親と絶縁してでも出て行ってしたいことがあったし、強かった。でも、自分は外で１人でやっていけるとは思わない」

### (3) 彩花さんと裕子さんの共通点

彩花さんは、大人全体に不信感を持ち、その思いを過度に一般化しています。一方、裕子さんは両親の支配的な思いに対して、被害的思考を強く持っていました。

２人に共通しているのは、自分の能力については過少評価しているということです。

## 5　知的理解（第２課程）

自分たちの行動パターンとそれを引き起こしている考え方が整理できたので、なぜそういう考え方を続けるのか、そのメリットとデメリットの整理をすることにしました。

### (1) 彩花さんのメリット

彩花さんは、「大人はみんな信用できない」と考えているようです。「そう思っていると何かいいことがあるの？」と尋ねると、「だって、遊び仲間たちはみんなそうだよ」とケロッと答えました。「信頼なんて言葉だけじゃん。信用するから裏切られる。最初っから信用なんかしなきゃ誰も傷つかないでしょ」と。

彩花さんは、仲間とも表面的な関係しか持っていませんでした。家出したとき泊まらせてくれる「彼氏」も何人かいるらしく、１か所に２日以上いたことはないと言います。それ以上いると関係が壊れるからだそうです。

逆にそうしていることで困ったことはないかと尋ねると、「ない」と言い切りました。ただ、その顔がとても寂しそうなので、「そう言うあなたは、今とても寂しそうにしてるね」と言うと、「え？」というように目線を合わせたあと、「やだな～。私にそんなの似合わないジャン！」と笑って返してきました。

彩花さんは、人と深く長くかかわって切り捨てられてしまう寂しさや悔しさを感じないですむように、表面上の関係を続け、ネガティブな感情を持つことから逃げていたのでした。本当は、人とかかわりたい。でも、こわくてできない。だから、寂しいと感じること自体を拒否し、反動形成して、いつもハイテンションで明るくしているのです。そうしていると、表面的にだけでも、いつも誰かがそばにいてくれるからです。

### (2) 裕子さんのメリット

　裕子さんは今まで、「お姉ちゃんが家出したから自分が親の期待に応えなくては」「親に勉強させられている」と出来事を人のせいにしてきました。そのことを指摘し、そうすることで何を守っていたのだろうと尋ねてみました。すると「それ以外に何か方法があったんですか？」と聞き返されたのです。「どうする方法？」と尋ねると、「私が私でいられる方法……」とうつむきました。

　裕子さんが家で居場所を確保しておくためには、自我を抑圧して親の期待を自分に取り込む以外になかったのでしょう。家でも学校でも人を疑うということを思考から削除しておくことで、葛藤が生じるのを避けていたのです。

　「今回、親の束縛から離れてみて、何か見えたものがある？」と尋ねると、「最初は何もかも目新しくて、自分は自由だと思った。彩花は元気いっぱいだし、友達もたくさんいるし、私もすぐに仲間に入れてもらえて楽しかった。ナンパしたり、されたり、ドライブしたり、ゲーセン行ったり……」。裕子さんはそこでひざを抱えてしまいました。

　「でも、同じだって気づいちゃったんだね」と言うと、「え？」と一瞬顔を上げてから、じわっと涙を流し始めました。「気づいちゃったんだね。人からもらってるだけだって……」。裕子さんは、すすり泣きながら「空っぽなんですよ。何もない。何か感じようとしても、表面的に楽しんでる自分をつくっているだけで、彼らみたいに心底楽しめない」と言いました。「家で親の言いなりになってるときと一緒だった？」「うん」と裕子さんはうなずき、「先生、私、これからどうやって生きていったらいいんでしょう」と話し始めました。

　彩花さんも裕子さんも、そろそろ第3課程の受容に入れるときを迎えていました。

## 6　感情的な受容（第3課程）

　彩花さんは、本当は人と深くつながりたい自分に気づき、裕子さんは、人づきあいが嫌いな自分に気づきました。2人とも親からは本当の意味で受け入れられておらず、社会とつながっているためには、彩花さんはいつも元気で何を言われても平気な子、裕子さんは言われるままに動く優等生という仮面をかぶるしかなかったのでしょう。

　2人は、自分は愛されない存在だという思い込みが強かったので、その認知を変える必要がありましたが、現実的に保護者との関係を変えない限り難しいことです。こういう場合、2つの方法が考えられます。1つは親との和解、もう1つは親との切り離しです。前者には「対立解消」を用い、後者には「極論」を用いることになります。

　裕子さんに「親と話し合ってみる？」と尋ねると、「いやだ」と明確に答えました。自我が目覚め始めていたのです。「今、話し合っても親が正しいと思ってしまう自分がいるから」だと言います。そこで、「極論」を使ってみることにしました。「じゃあ、親からもらってきたものを全部なくしてみる？　そうしたらどうなると思う？」と問いかけてみると、しばらく沈黙してから、「なくならないと思う」と静かにつぶやきました。

　「ずいぶん自分が見えてきたんだね」と言

うと、「何もないんじゃなくて、何でも取り入れちゃったのが自分なんだって思えるようになった」と言いました。「自分が欲しかったわけ？」と言うと、「欲しかったわけじゃない。たぶんこわかったんだと思う。反抗したら親に見捨てられるかもって。お姉ちゃんみたいにはっきりした自分がなかったから。お姉ちゃんは自分がしっかりとあって、親に言いたいこと言っても、結局はやりたいことやらせてもらえてた。親は文句は言ってたけど、結局はそういうはっきりしたものがあるお姉ちゃんを誇らしく思っている部分もあるんだなって、気づいてたから。でも……」「自分には自信を持てるものがないと思った？」「そのときはね」。裕子さんは深い深いため息をもらしました。

「裕子さんはほんとによくまわりを見てきたんだね。それだけ冷静にまわりが見えるのって、才能だと思うけど？」と言うと、裕子さんは黙って聞いていました。「親は、いいことしか見ないけど、裕子さんはいいことも悪いことも全部見ることができてるよね。あなたには、冷静に世の中を見渡して何が大切かを見極める力があるんじゃないかな。それを育ててみる気はある？」と問いかけると、「そんなふうに言われたの、初めて」と、ぽろぽろっと涙を流しました。

「全部を見るのってしんどいけど、自分が染まらなければ、本質を見抜いて本当に大事なことだけ取り入れることもできるようになるよ。やってみる？」と言うと、うなずきました。手伝う必要があるかと尋ねると、「いらない。手伝ってもらうと、先生のコピーになっちゃうから。いい」と言いました。目標を達成するために必要なことも余分なこともよくわかっている様子だったので、裕子さんには批判的に物事を見る考え方や技法を教え、面接は終了することにしました。

## 7 その後

裕子さんは家に戻り、親を拒絶し続けることで自分を保とうとしていきました。

保護者には、裕子さんは自分を築き直している最中だから、親も遠慮せず言いたいことを伝えるようにと依頼しました。ただし、「最終的な選択は裕子さんを信頼して任せてほしい」と。父親はなかなか受け入れてくれませんでしたが、母親は裕子さんを理解するようになりました。高校受験では親が希望する学校に合格はしたものの、結局そこには行かず、親が「あんなふうにはなるな」と言っていた子どもたちが通っている高校に行くことにしたのです。

首席で合格した裕子さんは、代表で挨拶をする予定でしたが、入学式に髪を金髪に染めて登校し、一日目からスプレーをかけられ、挨拶は別の子が裕子さんの台本を読むというスタートを切ることになりました。

人を寄せつけず、いつも1人でいた裕子さんですが、逆にそれが「クールでかっこいい」と受け入れられ、授業中に発言するキレのよい意見には、教師も生徒も「すごい」と一目置くようになっていきました。クラス委員にも自然と票が集まり、選ばれると仕事をたんたんとこなしました。そういう裕子さんのよさを理解する教員も現れて、現在の裕子さんはジャーナリズム関係の大学に進み、元

気に過ごしています。

一方、彩花さんの感情的受容は難航しました。面接が深刻になってくるとおちゃらけてしまう彩花さんは、どうしても自分と向き合うことができないのです。その陰には、彩花さんの気持ちに触れられない母親の存在がありました。私が「お母さんと話をしたい」と彩花さんに伝えてもらっても、「私より娘をお願いします」と言って逃げてしまいます。彩花さんもそういう母親を受け入れたくない様子でした。

この場合は「極論」を使うしかないと判断し、2つの極論を彩花さんにぶつけてみました。1つは、「母親が彩花さんの理想の母親になれるとしたら、生活はどうなるだろう？」というもの。もう1つは、「今のまま変わらずにおちゃらけた自分を目いっぱい生かせる生き方は何か？」というものでした。

彩花さんは母親について、「あの人が変わることはありえないけど、もし、そういう母親に出会えるなら……」と言って、仕事と家庭を両立しながら子どもと一緒に遊んでくれるお母さんを語りました。

また、「彩花さんの天性の明るさと人なつこさを生かした上で、人と短期間だけ濃密に関係できる仕事は何か？」について彩花さんがあげたのは、水商売でした。化粧すればルックスはごまかせるし、話術は得意だというのです。そのほかは、ティッシュ配り、案内配りなど日替わりでできる仕事ばかりでした。

1つ1つの可能性を資料をもとに探していき、水商売については知り合いのプロに頼んで講義をしてもらったところ、彩花さんも裕子さんも「無理だ」とあきらめました。肌の手入れ、お酒に強いことは最低条件で、時間を有効に使うためには上手に話を切り上げる話術や、しつこいお客を断る態度に加え、常連さんを獲得するための経済や政治などの勉強も必要だと聞いたためです。

彩花さんは、10年後には家庭を持っていたいという夢がありました。自分には叶えられなかった家族を、自分の子どもにはつくってあげたいからだと言います。そのためには、安定した収入のある人と出会わなければならないと。

効率よくいい出会いをするためにはどうしたらいいかを、彩花さんと裕子さん2人で考えてもらいました。すると、裕子さんが彩花さんに、「彩花は情報を集めるのが得意だし、遊びのスケジュールを組むのも上手だったから、秘書なんか向いてるかもしれないよ」と提案しました。彩花さんは「秘書～。がらじゃないよ～」と言っていましたが、商業高校を受験することにし、裕子さんに家庭教師を依頼して必死で勉強を始めたのです。

残念ながら秘書にはなれませんでしたが、短大まで進み、合コンを重ねるうちにお得意の話術でプチセレブに出会って、今は海外で生活しているそうです。

# 第6節 犯罪に至った人へのアンガーマネージメント

**内容**
この節では、アンガーがもとで事件を起こし、犯罪にまで至ってしまった人が、どのように自分の事件を振り返ればよいのかなど、再犯防止のためにアンガーマネージメント面接がどのように行われているかを紹介します。

**キーワード**
認知のゆがみ
認知変容の面接

再犯を防止するためには、ゆがんだ認知を変容することが特に重要になります。キレやすい考え方を熟知した上で、徐々に視野を広げ、ていねいに認知を広げていってください。急ぐと、説教や説得になってしまい、表面的にわかったふりだけをされてしまいます。

## 1 暴力性向を有す人へのアンガーマネージメントの進め方

前章では、「アンガーとはさまざまな感情が入り乱れ、混沌とした状態のこと」だと説明しました。この状態では、衝動的な行動が出やすくなり、自分の行動をコントロールすることがより困難になります。

暴力犯に対するアンガーマネージメント・プログラムは、認知行動療法の考え方に基づき、怒りのもとになる「引き金」に気づいて回避したり、そのときに生じる「オートマチック思考」を変容することによって、暴力行為を予防することを目的としています。

そのために、アンガーマネージメントでは、
①混沌とした心の状態を整理し、自分の欲求を理解できるようにする
②向社会的判断力をつけるために、ゆがんだ認知や感じ方を修正し、共感性、道徳性、規範意識を育てる
③欲求を社会に受け入れられやすい方法で表現できるよう、ソーシャルスキルを学ぶ
といったことを行います。

それぞれの段階で、さまざまな考え方やソーシャルスキルを学んでいかなければなりませんので、まず面接を担当する側が、これらを身につけておく必要があります。

### ステップ1　気づき（第1課程）：自分の行動パターンに気づく

まず、環境調整をしてアンガーの「きっかけ」になるような条件を排除します。そして、衝動的になってしまったときでもできるような、「ストレスマネージメント」（深呼吸、目をつぶる、こぶしを握ってパッと離して脱力する、大切な人の写真を見るなど）を身につけさせます。

次に、暴力行動が生じるパターンの理解に進みます（図3-3　怒りのログ・2参照）。これは暴力行為の「引き金」となる出来事、そのときの「オートマチック思考」および「結果として自分や相手に何が起こったか」を冷静に振り返る作業です。

Lさん（成人）は、自分の怒りを直接相手に言葉で伝えないでため込んだり、酒でまぎらわせようとする傾向のある人です。

事件を起こした日は、チームで行った仕事なのに、Lさんだけが上司に呼ばれて注意されました。Lさんは黙って上司の注意を聞き、イライラしたまま外回りに出たところで事件は起きました。

Lさんにとっての「引き金」は、降りようとした電車の出入り口を立ちふさがれたことでした。このとき、Lさんは「世の中は自分にばかり不公平だ」という被害的な一般化をしてしまい、その怒りを怒鳴りつけることで発散してしまいました。間に入って止めようとした人さえ「敵だ」と思い込み、「もうどうにでもなれ」と自暴自棄のままなぐりあいになって、警察に連行されました。

結果は、保護観察の延長と職場での始末書となりました。妻は無言ですが、Lさんは今度こそ見離されてしまうだろうと落ち込んでいるという図式が整理されました。

ここで、Lさんは「日頃のストレスを飲み込んでいたこと」「出来事に対して被害的なとらえ方をしていたこと」、その結果「爆発して直接関係ない人にやつあたりしていること」に気づきました。

### ステップ2　知的な理解（第2課程）

ここでは、事件に対する行動パターンの理解、およびそのパターンが生じた過去の体験についての理解を深めます。まず、自分の行動パターンがどういう考え方や感じ方に基づいているのかを整理します。

使う技法は、「主観的にとらえた出来事」を「客観的な出来事」に変換するリフレーミングです。事実を広い視野で見たり、前後関係を整理したりしやすいように、「4W1H」（いつ、どこで、誰が、何を、どのようにした）の質問を用います。また、そのときの欲求を明確にするために、「あなたは、相手に何をしてほしかったのですか？」「それをどのようにして伝えましたか？」と、本人の行動や言動に焦点を当てていきます。また、「このようなやり方を繰り返しているとどうなるか」を予想します。

次に、本当はどういう自分でいたいのか、あるいは、例えば失ってしまった恋人や縁遠くなっている家族とどうなりたかったのかという願いを引き出していきます。また、本当はそうなりたいのに、いつからこうなってしまったのか等をじっくりと振り返ります。

その上で、今までの考え方をどのように変容すれば異なる結果を導くことができるのか、

図3-3 怒りのログ・2

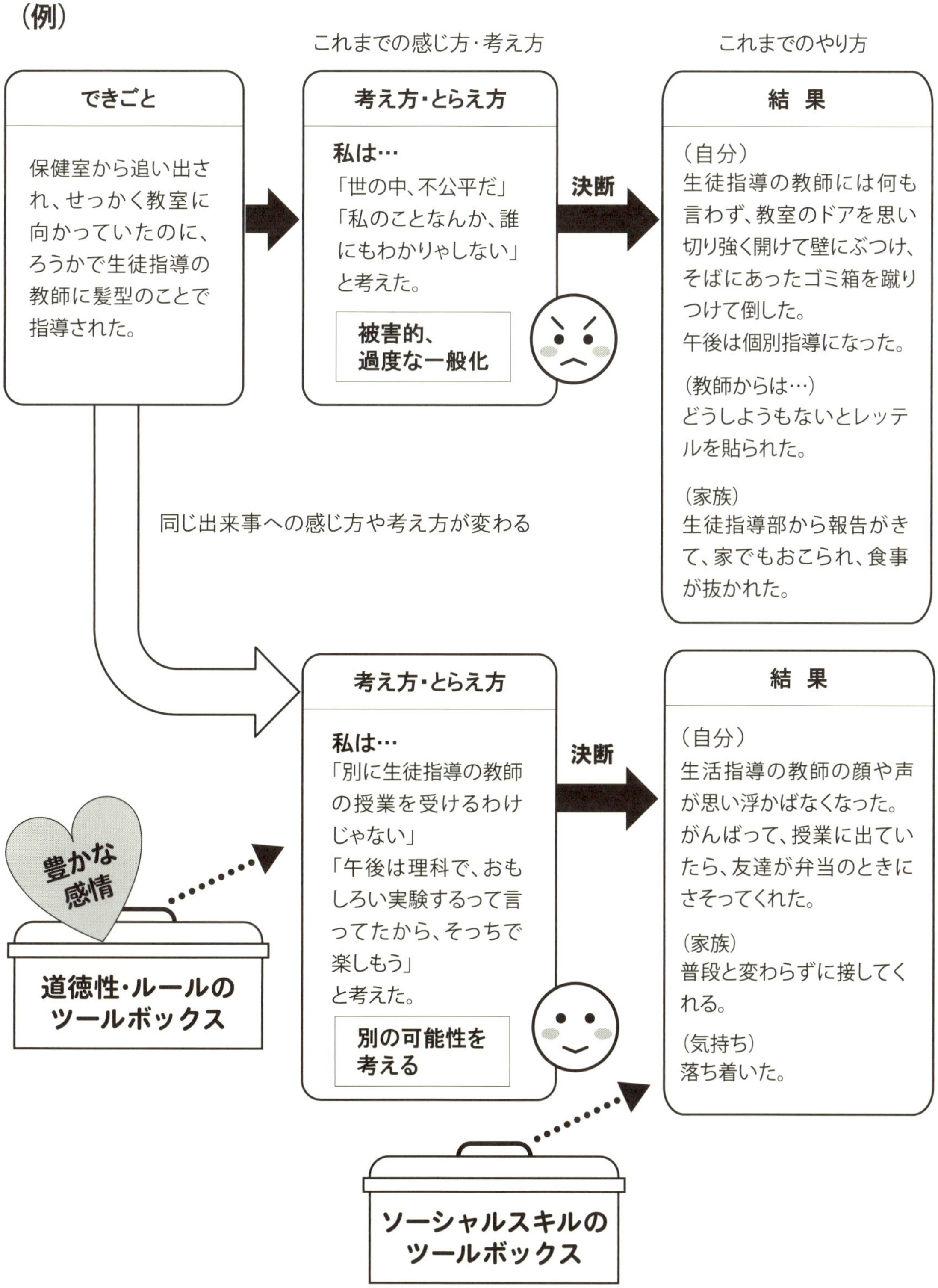

(例)

**できごと**
保健室から追い出され、せっかく教室に向かっていたのに、ろうかで生徒指導の教師に髪型のことで指導された。

これまでの感じ方・考え方

**考え方・とらえ方**
私は…
「世の中、不公平だ」
「私のことなんか、誰にもわかりゃしない」
と考えた。

被害的、過度な一般化

→ 決断 →

これまでのやり方

**結 果**
(自分)
生徒指導の教師には何も言わず、教室のドアを思い切り強く開けて壁にぶつけ、そばにあったゴミ箱を蹴りつけて倒した。
午後は個別指導になった。

(教師からは…)
どうしようもないとレッテルを貼られた。

(家族)
生徒指導部から報告がきて、家でもおこられ、食事が抜かれた。

同じ出来事への感じ方や考え方が変わる

**豊かな感情**

**道徳性・ルールのツールボックス**

**考え方・とらえ方**
私は…
「別に生徒指導の教師の授業を受けるわけじゃない」
「午後は理科で、おもしろい実験するって言ってたから、そっちで楽しもう」
と考えた。

別の可能性を考える

→ 決断 →

**結 果**
(自分)
生活指導の教師の顔や声が思い浮かばなくなった。がんばって、授業に出ていたら、友達が弁当のときにさそってくれた。

(家族)
普段と変わらずに接してくれる。

(気持ち)
落ち着いた。

**ソーシャルスキルのツールボックス**

さまざまな考え方を知ります。これは、本人（被面接者）が自分と向き合うしんどい作業です。また、これまでの生育歴が悲惨であればあるほど、「どうせだめなんだ」という挫折体験が大きくなります。面接者との体験や考え方の違いが最も大きく表れる場面であり、本人が心を閉ざしたり、キレたりしやすくなるところです。

面接者は、ニュートラルな姿勢を保ち、本人の考え方や感じ方、生きてきた世界を理解しようという姿勢で面接を行うことが大切です。

それでは、先のLさんの事例に沿って、まず、Lさんの状況のとらえ方を考えてみましょう。Lさんは「上司にいやみを言われた」「出入り口に立ちふさがられた」と話していますが、実際に自分のどんな行動に対して上司は何と言ったのか、また電車の中で若者はどこにどんなふうに立っていたのかを、客観的に整理しました。

その結果、Lさんは次のような考え方を理解しました。「他のチームより成績が悪いと非難されたと思っていたが、上司が言ったのは、『他とどこが違うのかをよく考えろ』ということだった」。「誰も助けてくれないと思っていたが、自分が人に助けを求めていなかった」。それは、「人のやり方を真似てはいけない」「上司や妻の前では、毅然とした態度を見せなければならない」という思い込みがあったからだということに気づきました。

よくある思い込みには、このほかにも「白か黒か」「みんながそう思っている」という過度の一般化、「〜ねばならない」、「ものすごく大変なことになった」あるいは「別にたいしたことはない」という過大・過小評価、まわりが見えなくなってしまう「トンネル思考」などがあります。対象者がどのような考えにとらわれやすいのかを、理解してください。

●異なる考え方による行動パターンを知る

ここで、前頁の図3-4怒りのログ・2の下半分のように考え方を変えたらどういう行動が生じるようになるかを予想していきます。この段階では、面接者からさまざまな考え方があることを伝えて、本人の思い込みを解放していきます。

Lさんは、まず「〜ねばならない」という考え方をゆるめて、「自分はどうしたいのか」という思いや願いに注目するようにしました。次に、その願いを叶えるためには「まわりを見たらどうなるだろう」という予想をしました。「助けを求めてみたら、もっとうまく解決している人がいるだろう」ことはわかりましたし、そのようにすれば、結果が異なることもわかりました。

しかし、「できそうですか」という問いかけに、Lさんは黙り込んでしまいました。

ここで、好ましい行動に対して考え方をさっと変容できる人と、頭ではわかるけれども納得できない人に分かれます。長年培ってきた考え方には、その背景となる経験があるからです。

対応する側も、相手の抵抗に合うと、つい説教や説得をしがちです。しかし、こういう場面での説教や説得は、効果が少ないだけでなく、かえって気持ちが離れてしまいます。なかには、「だから、おめーらにはオレのこ

となんてわかんねえんだよ！」とキレてしまう人もいるでしょう。

まず、彼らの考え方がどのような体験から築かれてきたのか、なぜその考え方が変えられないのかをじっくり聴きながら、考え方をほぐしていく必要があります。

●面接中に相手がキレたら

もし、面接中に相手がキレてしまったら、次のようにしてみてください。

①キレた引き金を理解する
②刺激の排除

引き金になっている話題はしばらく保留し、相手が落ち着くのを待ちます。もしこのとき、面接者の態度や言葉で傷ついたのなら、率直に謝ります。彼らは、面接者に直接怒っているのではなく、今まで同じような態度をされた経験に怒っていることが多いのです。目の前で率直に謝ってもらうと、自分が何に怒っているのかを冷静に考えやすくなります。

③落ち着いてきたら、何がいやだったのかを話してもらう

このとき、面接者は、肯定的に聴く姿勢を保ってください。

④面接者が話す内容を、本人が主体になるように置き換えて、「あなたは、こういうことが伝えたかったのですね」と、相手の「思い」や「願い」のほうに焦点を当てる

もし、「なのにあいつは……」と本人が他者を責め、またキレそうになったら、「あなたの思いはわかりました」と伝えて、次に進んでください。

⑤本人の願いを周囲に正しく伝える方法を、一緒に考えます。

このとき面接者は、本人の味方であることや、一緒に問題解決をしていくパートナーなのだということを確固たる姿勢で伝えることが大切です。

「私は、あなたと一緒に問題を考えたいと思っています。あなたはどうしたいですか」と、穏やかに伝えて、相手の反応を待ってください。いったんキレてしまうと、落ち着くまでに時間がかかるかもしれませんが、キレている場面こそ行動変容のチャンスなのです。自分を制しようとしている様子が見えたら、そのことを認めて、相手にフィードバックし、変化を具体的に伝えます。

### ステップ3　感情的な受容（第3課程）

この段階は「二度と同じ過ちは犯したくない」「変わりたい」「大切な人を守りたい」というように、社会の中で更生していくための揺るがぬ気持ちを育てることが目的です。

自分を大切にする気持ち（セルフエスティーム）や、他者への共感性を育てるところに重点が置かれます。

人の生死にかかわるような重大な過ちを犯した場合であれば、自分の行動を心から悔い、被害者やその家族、遺族の立場に立って感じることができるように導きます。

Lさんは、自己主張がうまくできない背景を探るうちに、両親との関係が浮き彫りにされていきました。子どもの頃のLさんは、仕事はできるけれども、自分のしたいことばかりをして、酒を飲んでは家族に暴力をふるう父親を憎んでいました。そして、父のようにならないために自分の感情を抑圧していたこと、一方で、父親の暴力に耐えているだけで自分たちを助けてくれなかった母親にも苛立っていたことを語りました。思いのままに行動したいという思いはあっても、一方ではそうしてしまったら父親のようになるのではないかという恐れがわき上がってくるのです。そんなときにお酒を飲んだら、「毛布にくるまれるように心地よかった」ため、苦しくなると酒に頼るようになりました。しかし、それを妻に知られるのもこわかったようです。

　Lさんの「願い」は、「人を傷つけずに言いたいことを言い、思いのままに行動したい」「ほっとできる雰囲気につつまれたい」というものだったのです。

### ステップ4　新しい行動パターンの習得と定着 （第4・第5課程）

　この段階では、自分の欲求を社会に適応しやすい形で表現するために必要な、次のようなさまざまなソーシャルスキルを学んでいきます。

---

①日常のストレス耐性や解消方法（身体のリラックスや、不安への耐性づくり、前向きに考えるなどの力）
②自己理解力（自分の考えや気持ちを言葉にする力）
③自己表現力（言葉およびジェスチャー・表情などの非言語のコミュニケーション力）
④他者理解力（共感性、仲間入り、仲間の維持、相手の行動予測力など）
⑤相互理解力（アサーションや対立解消）

---

　これらのスキルは、実践しながら学んでいくのが最も効果的な獲得方法です。そこで、具体的な場面を想定して、ロールプレイを繰り返しながら練習します。

　Lさんも、自分の願いを叶えるための方法を探し、1つ1つ試していくようになりました。

### ステップ5　新しい行動パターンの定着 （第5課程）

　これは、日常生活の中での練習です。さまざまな活動にスキルを使う場面を取り入れながら、ステップ4で学んだソーシャルスキルを使う練習を、実践的に行います。

### ステップ6　終結への話し合い

　アンガーマネージメント・プログラムが終わったあとも、学んだことを実践できるかどうかを自分1人で確認していきます。具体的には、保護観察が終了したあとに起こるであろうさまざまな出来事をシミュレーションしながら、それぞれの場面でどうすればよいかを整理していきます。

　アンガーマネージメントは、1970年代からアメリカ、カナダ、イギリスなどで展開され、効果を上げています。日本でも2008年度から暴力犯罪を起こした保護観察中の人に対して

プログラムが展開されています。各地でさまざまな取り組みが始まると思いますので、ぜひ実践してみてください。

## 2 認知を変える面接の進め方

実際の面接場面の逐語練習記録をもとにして、犯罪を犯した人の認知変容をどのように行うのかについて説明します。ここでは、大学の担当教授に対して傷害事件を起こした大学5年生のPさんへの面接を想定します。

### (1) 事件の整理と認知のゆがみの抽出

第1課程の事件の整理においては、引き金となった出来事と自分がとった行動をまず整理します。

次に、そういう行動を引き起こした考えと、背景にある感情を整理します。このプロセスで認知のゆがみが登場しますが、ここでは情報を収集する程度にしておき、第2課程で一気に認知のゆがみへの直面を行うと効果的です。

（以下、「面」は面接者、Pは事件を起こしたPさん）

面　あなたが起こした事件について説明してください。どこにいて、何をしようとしていたのですか。
P　教授に大学院進学の推薦をもらおうと思い、研究室の外で待っていました。
面　アポイントは入れていたのですか
P　ないです。お昼は、オフィスアワーになっているから、誰が行っても話をしてくれるものだと思っていましたから。

＊ここに、「教授は、学生の相談に乗るのが当たり前だ」という自己中心的な「～べき思考」がある。キレやすい人によくあるパターンで、相手への期待が高い分、あてがはずれると落ち込み方が激しくなる。

面　教授が戻ってきたあと、どうしましたか。
P　挨拶をして、相談したいと伝えました。教授は、「アポなしは困る。昼休みはこの学生の卒論指導をすることになっているから忙しい」と、いやな顔をしていました。
面　断られて、Pさんはどうしたのですか。
＊断られたという刺激に対する反応を整理する。
P　この前もそうやって断られたし、そこにいた後輩が鼻で笑ったような気がしたので、今日は言いたいことを言わないといけない、この機会を逃したらあとがないと思って、2人と一緒に部屋に入りました。
＊ここに、被害的思考、過度な一般化、～べき思考が見られる。

Pさんは、研究室に入り、教授に自分の推薦をしてくれるかを尋ねると、「君は、教師にも研究者にも向いていない」と断られてしまいました。その一言が引き金となって、傷害・暴行に及んだため、面接ではこの行動を決断させた考え方を探ることにしました。

アンガーマネージメントでは、衝動的な行動を起こすと決める考え方を変える必要があるためです。

### (2) 認知のゆがみに気づく

面　確かに教授の言葉はきついですが、それで傷害事件に至る行動をとったのは過剰反応のように思いますが。

P あいつは、前の指導のときにぼくの卒論を見て、「提出できるような代物ではない」とも言ったんですよ。

面 どのような論文だったのですか。

＊相手が興奮し始めているので、客観的な事実を確認する。

P 100枚も書いたし、先行研究もたくさん読んだ。参考文献だけで数ページになるんですよ。まわりのやつらが遊んでいたときだって、ぼくは1人で図書室にいたし、1年間もかけて書いていたのに……。

＊Pさんが注目しているのは量の多さである。ここからPさんの狭い価値観を広げる面接に変える。

面 たくさん書かれたんですね。他の学生はどのくらいの量だったのですか。

P 少ないですよ。薄っぺらで、20ページくらいのやつもいるのに、評価が高いなんて、明らかにえこひいきです。

＊ここにも、被害思考と他罰思考がある。

面 なるほど、Pさんにとっては、どれだけの量を書いたのかが評価基準なんですね。（＊他罰思考がどこから来ているか、自分の視点に戻してみる。）それだけ書いたPさんの評価が低くて、少ない学生の評価が高いということは、教授の評価は、量ではないように思えるのですが、いったい、その教授は何を評価基準にすると話していましたか。（＊視点を、教授側に変える。）

P ……。

＊顔色が変わって、沈黙し始めた。黙ってしまったときは、気づきがあった場合と、自分の意見が否定されて相手との対話を断ち切った場合があるので、どちらの状況かを見極める必要がある。

面 教授の評価基準がわかるような言葉を何か覚えていませんか。

＊視点は教授に変えているが、いきなり視点を変えることは難しいので、本人の視点から他者の様子がわかる形で導いてみる。

P ……基準ですか？

面 はい。例えばPさんのレポートを見て、何かコメントされたことは？

P ああ。よく、考察が足りないと言われました。

面 そうですか。それは、どういう部分について言われたのか、説明できますか。

P え〜っ？ ただ、「足りないな」としか言われていないので、何が足りないかわかりませんけど。

面 何が足りないか、尋ねてみました？

＊Pさんの課題解決の力をさぐってみる。

P いいえ。だって、そういうのって教授が教えるのが当たり前でしょう？ 他の学生は呼んで丁寧に教えているのに、ぼくは嫌われているから教えてくれないんですよ。

＊また、「〜べき思考」と「被害思考」が現れた。そろそろ視野を広げないと、感情論の堂々めぐりになりそうな場面である。

面 Pさんは、他の学生が指導を受けている様子を見たことはありますか。

P ないです。だって、入れてくれないんですから。

面 じゃあ、実際には教授がどう指導していたかは見ていないんですね。

P ……。そんなの、見なくたって態度でわかりますよ。他のやつはニコニコして研究室に入れて、ぼくのときは追い出して……。

面 いつも、断られましたか。卒論を見てもらえたことは1回もありませんか。
＊「過度な一般化」を数値に置き換える。
P ……指導日には会っていました。
面 では、いつも断られていたわけではないのですね。
P でも、質問に行っても、教えてくれませんでした。先生ってのは、骨身を惜しまず学生を指導するのが仕事でしょ。あの人は怠慢ですよ。
面 整理しますよ。教授は、Pさんの卒論指導日には、指導をしていた。そこで指摘されたのは、考察が足りないということ。そして、Pさんがアポなしで質問に行ったときには、質問には答えなかった。
P ……。
面 教授は、Pさんにどんな成長を望んでいたのだと思いますか。
＊教授の指導は否定ではなく、何らかの意図があったということに視野を広げてみる。
P え？
面 どうも私には、先生はPさんにもっと自分で考える力をつけてほしかったように思えるのですが。だから、頼ってくるときは突き放し、指導のときには「ただ人の意見を写すのではなくもっと考えろ」と言っているように思えますよ。

　Pさんの沈黙が認知のゆがみに対する気づきであったと感じられたため、これまでそうしたとらえ方をしてきたことでどのような利益や不利益があったかを整理することにした。

(3) メリットとデメリットの整理
面 自分だけが不当に低く評価されていると考え続けることで、つらいことはなかったですか。
＊まずデメリットについて整理する。
P もちろん、ずっとイライラしていました。
面 そうですか。しんどいですね。では、イライラして、身体はどんな感じになっていましたか。
P 身体ですか？
面 はい、頭がぼーっとするとか、身体が熱くなりやすいとか、寝つきが悪いとか。
P ああ。寝つきは悪くなりましたね。頭もぼーっとしていたし、本を読んでも入ってこない。ずっと、どんよりしていて、何をしてもどうせ無駄なんだというように思ってましたね。
面 八方ふさがりといった感じですか？
P はい。
面 なるほど。で、これはすべて教授が悪いと思ったわけですね。
P はい。だって、教授がちゃんと教えてくれればよかったんですから。
面 不思議ですね。他には助けを求めなかったのですか。
＊視野を広げてみる。
P え？
面 だって、目的は立派な卒論を書き上げることですよね。だったら、友達に相談するとか、他の先生に聞いてみるとか、方法はたくさんあるように思いますけど、ずっと教授とだけやりとりをしようとしていた。なぜでしょう？　何か、そうすることでいいことがあるのですか。

＊行動を変えないでいることのメリットについて整理する。
P　いいわけないじゃないですか。ずっとばかにされてきたんですよ。あなたも彼と一緒だ！
面　ばかにされたように感じさせてしまったんですね。それは、失礼しました。あなたが苦しかったことはよくわかります。この面接は、あなたが今のようにカッとなってまた同じような事件を起こさないためにやっています。
＊面接中に相手が問題の核心にふれてくると、事件と同じような衝動性が出てくることがある。その場合には、感情の暴走をコントロールするために面接者側がまず、相手の気持ちを受け止め、面接の目的をもう一度明確にしておく必要がある。
面　いいことがないのに、なぜ、同じ行動をとり続けたのでしょうか。そこに何かあるはずなのです。よく考えてみてください。なぜ、他の先生や友達に相談しなかったのですか。
P　……だって、他の先生に相談したら、教授に失礼じゃないですか。絶対に気分を悪くして、二度と指導してくれなくなりますよ。
面　なるほど。教授だけだったら、関係が悪くならないと思った。他には？　相手が教えてくれないと思うことで、自分はどうしていました？
P　自分のスタイルは変えませんでしたね。
面　自分のスタイルというと……卒論に対して？
P　先行研究をたくさん読むとか、ページ数を多くするとかということです。
面　それは、Pさんにとってやりやすい方法だったのですか。
P　たくさん読んでまとめればいいだけですから。自然にページは多くなるので。
面　では、逆にレポートとか論文を書くときに大変なのは、何ですか。
P　考察は大変ですよね。自分の中から生み出さないといけないので。
＊自分の課題に気づいてきた。
面　そうですね。考えるのって確かに難しいですね。Pさんは考察したくなかったのですか。
P　いいえ。ちゃんとした論文を書きたかったのです。教授からも後輩からも、すごいなって思われるようなものを。
面　なるほど。だから、後輩の前で教授にダメだしをされたのがショックだった？
＊ここでは、事件のときのPさんの気持ちを明確にしていく。
P　はい。あんなところで言わなくたっていいじゃないですか。
面　じゃあ、直接の引き金は、ダメだしではなくて、後輩の前で恥をかいたから？
P　そうだと思います。もうだめだと思いました。論文も、プライドも、これですべて終わりだって。
面　本当にそうなんでしょうか。
＊視野狭窄になっている部分を広げる。
P　え？
面　誰かが論文をやめろって言いましたか。大学院への進学をやめろって言いましたか。
P　え？
面　言ってないですよ。卒論は考察を加えな

さい。大学院は、推薦はできない。それだけです。自分で受験することだってできますよね。すべてだめだと、そう思い込んだのはＰさんだけですよ。

Ｐ　だって、あの状況じゃあ……。

面　これをいつまで続けますか。

＊ここは、感情論にならないように知的な理解を深めます。「このままだとどうなる？」「これが本当にしたいことなのか？」を考えさせる場面です。

Ｐ　……。（しばらく、沈黙。）

面　Ｐさんは、本当は教授に考え方を教えてほしかった。

Ｐ　……。

面　だったら、あの場で、どうすればよかったんでしょう？　自暴自棄になってすべてをあきらめなくてはいけないような行動をとることがよかったのか、それとも、恥ずかしさをこらえて、考察のためのいい参考書を紹介してもらえばよかったのか。

Ｐ　あ……。

＊ふと顔を上げて、そのまま面接者を凝視。

面　気がつきましたね。すべてを１人でやらなくてもいい、Ｐさんに合う考え方や考察の仕方というのが、きっとあると思いますよ。それを、残りの面接で探していきましょう。

以上が認知を広げる面接の一例です。第１課程と第２課程をまとめてみましょう。

この事例の場合、Ｐさんの「被害的思考」や「他罰的思考」は「過大視」「〜べき思考」によって生じているため、事実を確認したり、視点を自分から相手に変えることを試みました。認知のゆがみに気づいた段階で、それを持つメリットとデメリットの整理を行い、今後も持ち続けていくのかどうかを考えさせたのです。

このあとの第３課程では、Ｐさんがこのような考え方に固執せざるを得なかった家庭環境や、少年期の友人関係などにも触れながら、自分の置かれている状況の受容をすすめることが大切になります。

なぜなら、Ｐさんは傷害事件を起こしたことで、社会に出たときに非難の目を感じてしまう可能性が高いからです。事件を起こしたのは自分であり、自分の考え方や行動をしっかりと受け入れて修正するという段階に進めていくのが、第３課程以降になります。

## 参考文献

Anna Freud (1936) The Ego and the Mechanisms of Defense
邦訳：アンナ・フロイト『自我と防衛機制』黒丸正四郎・中野良平訳、アンナ・フロイト著作集第2巻、岩崎学術出版社、1998年

アンガーマネージメントに役立つ教材　本田恵子考案

表情ポスター

SSTカード

表情カード

SST2択展開カード
「このあとどうなるの？」

レスキューノート

★上の教材の販売元は㈱クリエーションアカデミーです。〈お問い合わせ〉http://www.meltcom.co.jp　TEL 03-3974-6123

## あとがき

　本書は、「キレやすい子」シリーズ3部作のしめくくりとして、アンガーマネージメント講座の一連の流れを、理論、ワーク、事例集で紹介しました。事例集には、いじめ、非行などの反社会的行動のみならず、不登校や家庭内暴力など非社会的行動の事例も含まれています。アンガーは外に向かうだけではなく内にも向かうことや、言語、非言語さまざまな表現方法があること、アンガーマネージメントも、話し言葉だけではなく、絵や箱庭などを活用して進めることができることをご理解いただければと思います。本書のために、事例提供を快くご承諾くださった方々に、心よりお礼を申し上げます。

　アンガーマネージメントで活用している傾聴、明確化、直面化、受容等は、カウンセラーが日常の面接の中で使っている技法です。ですから、面接演習そのものはアンガーマネージメントだけでなく、カウンセリング技法のトレーニングにも活用できます。

　面接演習を進める際には、まず徹底的に傾聴と明確化を練習してください。アンガーを理解するためには、言葉だけではなく、行動・表情・感情などからさまざまな情報を見立てる必要があるからです。また、明確化は、本人にとっての主観的な事実を客観的事実に修正したり、誤った行動をとり続けているメリットやデメリットなど背景を理解する助けになります。認知の変容をする段階では、丁寧に傾聴しながらも、本人に自己の問題に直面してもらうことが大切です。この場面で面接者があせると、説教になってしまったり、抵抗にあったりします。できるだけニュートラルな態度をとり、逆ギレしないよう心がけてください。自己受容ができたら、新しい行動パターンを習得していきます。ここではソーシャルスキル・トレーニングが加わりますので、具体的な場面をシミュレーションしながら練習するようにします。

　なお、初めてアンガーマネージメントを実践される方には、研修会への参加や、スーパーバイズを受けられることをお勧めします。専門のカウンセラーでも行き詰まりやすいのが、直面化や自己受容のための面接です。直面化では、自分が認めたくないと思っている部分を、面接者も一緒に直視しなくてはなりません。また、自己受容を促進するためには、相手のありのままを面接者が受け止める必要があります。このとき面接者自身が自己一致していないと、ニュートラルな状態で相手の話を聴くことができないのです。その結果、共揺れしたり、巻き込まれたり、操作したり、遠慮したりしやすくなり、本人が問題と向き合うことが難しくなってしまいます。

　アンガーマネージメントは、近年、学校をはじめとして、児童相談所、児童養護施設、少年院や刑務所、保護観察などで実践されており、今後もニーズが高まっていくと思われます。本書が、キレやすい子にかかわられる皆様のお役に立つことを願ってやみません。

2010年　7月　本田恵子

## 著者紹介

**本田恵子**（ほんだ　けいこ）

早稲田大学教育学部教授
公認心理師・臨床心理士・学校心理士・特別教育支援士SV
アンガーマネージメント研究会代表

中学・高校の教師を経験したあと、カウンセリングの必要性を感じて渡米。特別支援教育、危機介入法などを学び、カウンセリング心理学博士号取得。

帰国後は、スクールカウンセラー、玉川大学人間学科助教授等を経て現職。学校、家庭、地域と連携しながら、児童・生徒を包括的に支援する包括的スクールカウンセリングを広めている。

2000年代になってからは、矯正教育の専門家を対象としたアンガーマネージメント研修の講師なども務め、学校やカウンセリングの現場、特別支援教育や療育に欠かせない、子どものためのソーシャルスキル・トレーニングの教材開発にも取り組んでいる。

主な著書に、『キレやすい子の理解と対応』（ほんの森出版、2002年）、『脳科学を活かした授業をつくる』（みくに出版、2006年）、『キレやすい子へのソーシャルスキル教育』（ほんの森出版、2007年）、『いまじん　どうなる？　どうする？』（監修、梧桐書院、2013年）、『いまじん２わくわくたんけん』（作、梧桐書院、2014年）、『先生のためのアンガーマネージメント』（ほんの森出版、2014年）、『インクルーシブ教育で個性を育てる　脳科学を活かした授業改善のポイントと実践例』（梧桐書院、2014年）、『改訂版　包括的スクールカウンセリングの理論と実践』（編、金子書房、2019年）がある。

「アンガーマネージメント研究会」連絡先　http://anger-management.jp

## キレやすい子へのアンガーマネージメント
段階を追った個別指導のためのワークとタイプ別事例集

2010年8月1日　初　版発行
2019年8月10日　第4版発行

　　　　　　　　著　者　本田　恵子
　　　　　　　　発行人　小林　敏史
　　　　　　　　発行所　ほんの森出版

〒145-0062　東京都大田区北千束3-16-11
電話 03-5754-3346　fax 03-5918-8146
URL　https://www.honnomori.co.jp
印刷・製本所　電算印刷株式会社

Ⓒ HONDA keiko 2010　Printed in Japan

ISBN 978-4-938874-74-2　C 3011　　落丁・乱丁はお取り替えします

## 本田恵子の「アンガーマネージメント」シリーズ

### 先生のための
### アンガーマネージメント
対応が難しい児童・生徒に巻き込まれないために

2,200円+税

学校の先生方は、次々と起こる問題に冷静な対応が求められます。そんな先生自身にこそ、アンガーマネージメントが必要です。本書では、アンガーマネージメントの理論編に加え、先生方が遭遇しやすいストレスフルな場面の事例に沿って、具体的な対応を紹介します。

### キレやすい子への
### アンガーマネージメント
段階を追った個別指導のためのワークとタイプ別事例集

2,200円+税

なぜキレていたのかを探り、キレない行動パターンを身につけさせるための個別指導の理論と具体的な方法を紹介。

### キレやすい子への
### ソーシャルスキル教育
教室でできるワーク集と実践例

教室で楽しくできるワークと、素敵なワークシートが満載。ソーシャルスキル教育でからだと心に働きかけ、キレにくい子を育てます。

2,200円+税

### キレやすい子の理解と対応
学校でのアンガーマネージメント・プログラム

1,800円+税

Tel 03-5754-3346
Fax 03-5918-8146

**ほんの森出版**

〒145-0062
東京都大田区北千束3-16-11

ほんの森出版 検索